GUÍA RÁPIDA DE

EL ARTE
DE LA
SEDUCCIÓN

ROBERT GREENE

Una producción de Joost Elffers

GUÍA RÁPIDA DE

EL ARTE
DE LA
SEDUCCIÓN

OCEANO

GUÍA RÁPIDA DE EL ARTE DE LA SEDUCCIÓN

Título original: THE CONCISE ART OF SEDUCTION

© 2001, 2003, Robert Greene y Joost Elffers

Traducción: Enrique Mercado de la edición original en inglés
de Profile Books Ltd.

Diseño de portada: Ivonne Murillo
Imagen de portada: Ulises y las sirenas, mosaico, Túnez, siglo II d.C.
Fotografía de Robert Greene: Susan Anderson

D. R. © 2023, Editorial Océano de México, S.A. de C.V.
Guillermo Barroso 17-5, Col. Industrial Las Armas,
Tlalnepantla de Baz, 54080, Estado de México
info@oceano.com.mx

Segunda edición (décima segunda reimpresión): agosto, 2023

ISBN: 978-607-527-806-3

Impreso en México / Printed in Mexico

Índice

Agradecimientos

Antes que nada, quisiera dar las gracias a Anna Biller por sus incontables contribuciones a este libro: la investigación, las muchas conversaciones, su invaluable ayuda con el texto mismo y, no menos importante, su conocimiento del arte de la seducción, del que he sido feliz víctima en numerosas ocasiones.

Debo agradecer a mi madre, Laurette, su constante apoyo a lo largo de este proyecto, y que sea mi más ferviente fan.

Quiero dar las gracias a Catherine Léouzon, quien hace unos años me introdujo en *Las amistades peligrosas* y el mundo de Valmont.

Quiero dar las gracias a David Frankel por su hábil labor de edición y muy apreciados consejos; a Molly Stern, de Viking Penguin, por supervisar el proyecto y contribuir a darle forma; a Radha Pancham por mantener todo en orden y ser tan paciente, y a Brett Kelly por hacer avanzar las cosas.

Con el corazón abatido, me gustaría rendir tributo a mi gato Boris, quien durante trece años veló por mí mientras escribía y cuya presencia se echa mucho de menos. Su sucesor, Brutus, ha demostrado ser una musa digna.

Por último, deseo honrar a mi padre. Es imposible expresar con palabras cuánto lo extraño y cuánto ha inspirado mi obra.

Prefacio

La gente trata sin cesar de influir en nosotros, de decirnos qué hacer, y con idéntica frecuencia no le hacemos caso, oponemos resistencia a sus intentos de persuasión. Pero hay un momento en nuestra vida en que todos actuamos de otro modo: cuando nos enamoramos. Caemos entonces en una suerte de hechizo. Nuestra mente suele estar abstraída en nuestras preocupaciones; en esa hora, se llena de pensamientos del ser amado. Nos ponemos emotivos, no podemos pensar con claridad, hacemos tonterías que nunca haríamos. Si esto dura demasiado, algo en nosotros cede: nos rendimos a la voluntad del ser amado, y a nuestro deseo de poseerlo.

Los seductores son personas que saben del tremendo poder contenido en esos momentos de rendición. Analizan lo que sucede cuando la gente se enamora, estudian los componentes psicológicos de ese proceso: qué espolea la imaginación, qué fascina. Por instinto y práctica dominan el arte de hacer que la gente se enamore. Como sabían los primeros seductores, es mucho más efectivo despertar amor que pasión. Una persona enamorada es emotiva, manejable y fácil de engañar. (El origen de la palabra "seducción" es el término latino que significa "apartar".) Una persona apasionada es más difícil de controlar y, una vez satisfecha, bien puede marcharse. Los seductores se toman su tiempo, engendran encanto y lazos amorosos; para que cuando llegue

Hace falta más talento para amar que para mandar ejércitos.
Ninon de l'Enclos

Primeramente has de abrigar la certeza de que todas / pueden ser conquistadas, y las conquistarás preparando / astuto las redes. Antes cesarán / de cantar los pájaros en primavera, en estío las cigarras / y el perro de Ménalo huirá asustado de la liebre, / que una joven rechace las solícitas pretensiones / de su amador: hasta aquella que juzgues / más difícil se rendirá a la postre.
Ovidio, *El arte de amar*

Es, pues, esencial en el amor de que hablamos la combinación de los dos elementos susodichos: el encantamiento y la entrega. [...] Es la entrega por encantamiento.
JOSÉ ORTEGA Y GASSET, *Estudios sobre el amor*

¿Qué es lo bueno? Todo lo que eleva en el hombre el sentimiento de poder, la voluntad de poder, el poder mismo. • ¿Qué es lo malo? Todo lo que proviene de la debilidad. • ¿Qué es la felicidad? El sentimiento de lo que acrece el poder; el sentimiento de haber superado una resistencia.
FRIEDRICH NIETZSCHE, *El Anticristo*

el sexo, no haga otra cosa que esclavizar más a la víctima. Engendrar amor y encanto es el modelo de todas las seducciones: sexual, social y política. Una persona enamorada se rendirá.

Es inútil tratar de argumentar contra ese poder, imaginar que no te interesa, o que es malo y repulsivo. Cuanto más quieras resistirte al señuelo de la seducción —como idea, como forma de poder—, más fascinado te descubrirás. La razón es simple: la mayoría conocemos el poder de hacer que alguien se enamore de nosotros. Nuestras acciones y gestos, lo que decimos, todo tiene efectos positivos en esa persona; tal vez no sepamos bien a bien cómo la tratamos, pero esa sensación de poder es embriagadora. Nos da seguridad, lo que nos vuelve más seductores. También podemos experimentar esto en una situación social o de trabajo: un día estamos de excelente humor y la gente parece más sensible, más complacida con nosotros. Esos momentos de poder son efímeros, pero resuenan en la memoria con gran intensidad. Los queremos de vuelta. El canto seductor de la sirena es irresistible porque el poder es irresistible, y en el mundo moderno nada te dará más poder que la habilidad de seducir.

Tener ese poder no te exige transformar por completo tu carácter ni hacer ningún tipo de mejora física en tu apariencia. La seducción es un juego de psicología, no de belleza, y dominar ese juego está al alcance de cualquiera. Lo único que necesitas es ver el mundo de otro modo, a través de los ojos del seductor.

Los seductores nunca se abstraen en sí mismos. Su mirada apunta afuera, no adentro. Cuando conocen a alguien, su primer paso es identificarse con esa persona, para ver el mundo a través de sus ojos. El ensimismamiento es señal de inseguridad, es antiseductor. Todos tenemos inseguridades, pero los seductores consiguen ignorarlas, pues su terapia al dudar de sí mismos consiste en embelesarse con el mundo. Esto les concede un espíritu animado: queremos estar con ellos. Identificarse con otro, imaginar qué se siente ser él, ayuda al seductor a recabar valiosa información, a saber qué hace vibrar a esa persona, qué la hará no poder pensar claramente y caer en la trampa.

Los seductores se conciben como fuente de placer, como abejas que toman polen de unas flores para llevarlo a otras. De niños nos dedicamos principalmente al juego y al placer. Los adultos suelen sentir que se les ha echado de ese paraíso, que están sobrecargados de responsabilidades. El seductor sabe que la gente espera placer, pues nunca obtiene suficiente de sus amigos y amantes, y no puede obtenerlo de sí mismo. No puede resistirse a una persona que entra en su vida ofreciendo aventura y romance.

Un seductor ve la vida como un teatro, en el que cada quien es actor. La mayoría creemos tener papeles ceñidos en la vida, lo que nos vuelve infelices. Los seductores, en cambio, pueden ser cualquiera y asumir muchos papeles. Derivan placer de la actuación. Esta libertad suya, esta soltura de cuerpo y espíritu, es lo que los vuelve atractivos.

El arte de la seducción se ideó para ofrecerte las armas de la persuasión y el encanto, a fin de que quienes te rodean pierdan poco a poco su capacidad de resistencia sin saber cómo ni por qué.

Toda seducción tiene dos elementos que debes analizar y comprender: primero, tú mismo y lo que hay de seductor en ti, y segundo, tu objetivo y las acciones que penetrarán sus defensas y producirán su rendición. Ambos lados son igualmente importantes. Si planeas

Lo que se hace por amor se hace siempre más allá del bien y del mal.
FRIEDRICH NIETZSCHE, *Más allá del bien y del mal*

Si alguien en la ciudad de Roma ignora el arte de amar, / lea mis páginas, / y ame instruido por sus versos. / El arte impulsa con las velas y el remo las ligeras naves, / el arte guía los veloces carros / y el amor se debe regir por el arte.
OVIDIO, *El arte de amar*

sin prestar atención a los rasgos de tu carácter que atraen a los demás, se te verá como un seductor mecánico, falso y manipulador. Si te fías de tu personalidad seductora sin prestar atención a la otra persona, cometerás errores terribles y limitarás tu potencial.

Por consiguiente, *El arte de la seducción* se divide en dos partes. En la primera, "La personalidad seductora", se describen los nueve tipos de seductor. Estudiar estos tipos te permitirá darte cuenta de lo inherentemente seductor en tu personalidad, el factor básico de toda seducción. La segunda parte, "El proceso de la seducción", incluye las veinticuatro maniobras y estrategias que te enseñarán a crear tu hechizo, vencer la resistencia de la gente, dar agilidad y fuerza a tu seducción e inducir rendición en tu objetivo.

Una vez que entres a estas páginas, déjate tentar por sus ideas, con mente abierta y pensamientos fluidos. Pronto te verás absorbiendo el veneno por la piel y empezarás a ver todo como seducción, incluidas tu manera de pensar y tu forma de ver el mundo.

La virtud suele ser una súplica de más seducción.
—NATALIE BARNEY

Parte I

La personalidad seductora

Todos poseemos fuerza de atracción, la capacidad para cautivar a la gente y tenerla a nuestra merced. Pero no todos estamos conscientes de este potencial interior, e imaginamos la atracción como un rasgo casi místico con el que nacen unos cuantos selectos y que el resto jamás poseeremos. Sin embargo, lo único que tenemos que hacer para explotar ese potencial es saber qué apasiona naturalmente, en el carácter de una persona, a la gente y desarrollar esas cualidades en nosotros.

Los casos de seducción satisfactoria rara vez empiezan con una maniobra o plan estratégico obvios. Esto despertaría sospechas. La seducción satisfactoria comienza por tu carácter, tu habilidad para irradiar una cualidad que atraiga a la gente y le provoque emociones que no puede controlar. Hipnotizadas por tu seductora personalidad, tus víctimas no advertirán tus manipulaciones posteriores. Engañarlas y seducirlas será entonces un juego de niños.

Existen nueve tipos de seductores en el mundo. Cada uno de ellos posee un rasgo de carácter peculiar venido de muy dentro y que ejerce una influencia seductora. Las *sirenas* tienen energía sexual en abundancia y saben usarla. Los *libertinos* adoran insaciablemente al sexo opuesto, y su deseo es contagioso. Los *amantes ideales* poseen una sensibilidad estética que aplican al romance. Los *dandys* gustan de jugar con su imagen, creando así una tentación avasalladora y andrógina. Los *cándidos* son espontáneos y abiertos. Las *coquetas* son autosuficientes, y poseen una frescura esencial fascinante. Los *encantadores* quieren y saben complacer: son criaturas sociales. Los *carismáticos* tienen una inusual seguridad en sí mismos. Las *estrellas* son etéreas y se envuelven en el misterio.

Los capítulos de esta sección te conducirán a cada uno de esos nueve tipos. Al menos uno de estos capítulos debería tocar una cuerda en ti: hacerte reconocer una parte de tu personalidad. Ese capítulo será clave para el desarrollo de tus poderes de atracción.

Concibe estos nueve tipos como sombras, siluetas. Sólo si te empapas de uno de ellos y le permites crecer en tu interior, podrás empezar a desarrollar una personalidad seductora, lo que te concederá ilimitado poder.

La sirena

A un
hombre suele
agobiarle en secreto el
papel que debe ejercer: ser
siempre responsable, dominante y
racional. La sirena es la máxima figura
de la fantasía masculina porque brinda una
liberación total de las limitaciones de la vida.
En su presencia, siempre realzada y sexualmente cargada, el hombre se siente transportado a
un mundo de absoluto placer. Ella es peligrosa, y
al perseguirla con tesón, el hombre puede perder
el control de sí, algo que ansía hacer. La sirena
es un espejismo: tienta a los hombres cultivando
una apariencia y actitud particulares. En un
mundo en que las mujeres son, con frecuencia,
demasiado tímidas para proyectar esa imagen, la sirena aprende a controlar la libido
de los hombres encarnando su fantasía.

CLAVES DE PERSONALIDAD

El encanto de la presencia [de Cleopatra] era irresistible, y había una atracción en su persona y su habla, junto con una peculiar fuerza de carácter, que impregnaba cada una de sus palabras y acciones, y que atrapaba bajo su hechizo a todos los que la trataban. Era un deleite oír siquiera el sonido de su voz, con la que, como un instrumento de muchas cuerdas, ella podía pasar de una lengua a otra.
PLUTARCO,
Forjadores de Roma

Los adornos nos seducen; / con el oro y las piedras preciosas se ocultan / las macas, y la joven viene a ser una mínima parte de su propia persona. / Entre tantos perifollos, apenas adviertes / lo que de veras hayas de admirar. / El amor se vale de la riqueza / como de una égida que fascina nuestros ojos.
OVIDIO,
Remedios de amor

La sirena es la seductora más antigua de todas. Su prototipo es la diosa Afrodita —está en su naturaleza poseer una categoría mítica—, pero no creas que es cosa del pasado, o de leyenda e historia: representa la poderosa fantasía masculina de una mujer muy sexual y extraordinariamente segura y tentadora que ofrece interminable placer junto con una pizca de peligro. En la actualidad, esta fantasía atrae con mayor fuerza aún a la psique masculina, porque hoy más que nunca el hombre vive en un mundo que circunscribe sus instintos agresivos al volverlo todo inofensivo y seguro, un mundo que ofrece menos posibilidades de riesgo y aventura que antes. En el pasado, un hombre disponía de salidas para esos impulsos: la guerra, altamar, la intriga política. En el terreno del sexo, las cortesanas y amantes eran prácticamente una institución social, y brindaban al hombre la variedad y caza que ansiaba. Sin salidas, sus impulsos quedan encerrados en él y lo corroen, volviéndose aún más explosivos por ser reprimidos. A veces un hombre poderoso hará las cosas más irracionales, tendrá una aventura cuando eso es lo menos indicado, sólo por la emoción, por el peligro que implica. Lo irracional puede ser sumamente seductor, y más todavía para los hombres, que siempre deben parecer demasiado razonables.

Si lo que tú buscas es fuerza de seducción, la sirena es la más poderosa de todas. Opera sobre las emociones básicas de un hombre; y si desempeña de modo apropiado su papel, puede transformar a un hombre normalmente fuerte y responsable en un niño y un esclavo.

Antes que nada, una sirena debe distinguirse de las demás mujeres. Ella es rara y mítica por naturaleza,

LA SIRENA | 19

única en su grupo; es también una valiosa presea por arrebatar a otros hombres. El físico brinda las mejores oportunidades en este caso, ya que la sirena es eminentemente un espectáculo por contemplar. Una presencia acentuadamente femenina y sexual, aun al extremo de la caricatura, te diferenciará de inmediato, pues la mayoría de las mujeres carecen de seguridad para proyectar esa imagen.

Habiéndose distinguido de las demás mujeres, la sirena debe poseer otras dos cualidades críticas: la habilidad para lograr que el hombre la persiga con tal denuedo que pierda el control, y un toque de peligro. El peligro es increíblemente seductor. Lograr que los hombres te persigan es relativamente sencillo: te bastará con una presencia intensamente sexual. Pero no debes parecer cortesana o ramera, a quien los hombres persiguen sólo para perder pronto todo interés. Sé en cambio algo esquiva y distante, una fantasía hecha realidad. Estas cualidades harán que un hombre te persiga con vehemencia; y entre más lo haga, más creerá actuar por iniciativa propia.

Un elemento de peligro es fácil de insinuar, y favorecerá tus demás características de sirena. Las sirenas son a menudo fantásticamente irracionales, lo cual es muy atractivo para los hombres, oprimidos por su racionalidad. Un elemento de temor también es decisivo: mantener a un hombre a prudente distancia engendra respeto, para que no se acerque tanto como para entrever tus intenciones o conocer tus defectos. Produce ese miedo cambiando repentinamente de humor, manteniendo a un hombre fuera de balance y en ocasiones intimidándolo con una conducta caprichosa.

El elemento más importante para una sirena en ciernes es siempre el físico, el principal instrumento de

Llegarás primero a las sirenas, que encantan a cuantos hombres van a su encuentro. [...] Les hechizan las sirenas con el sonoro canto, sentadas en una pradera y teniendo a su alrededor enorme montón de huesos de hombres putrefactos cuya piel se va consumiendo. –Circe a Odiseo, Odisea, canto XII

poder de la sirena. Las cualidades físicas —una fragancia, una intensa feminidad evocada por el maquillaje o por un atuendo esmerado o seductor— actúan aún más poderosamente sobre los hombres porque no tienen significado. En su inmediatez, eluden los procesos racionales, y ejercen así el mismo efecto que un señuelo para un animal, o que el movimiento de un capote en un toro. La apariencia apropiada de la sirena suele confundirse con la belleza física, en particular del rostro. Pero una cara bonita no hace a una sirena; por el contrario, produce excesiva distancia y frialdad. La sirena debe estimular un deseo generalizado, y la mejor forma de hacerlo es dar una impresión tanto llamativa como tentadora. Esto no depende de un rasgo particular, sino de una combinación de cualidades:

La voz. Evidentemente una cualidad decisiva, como lo indica la leyenda, la voz de la sirena tiene una inmediata presencia animal de increíble poder de provocación. La sirena debe tener una voz insinuante que inspire erotismo, en forma subliminal antes que abierta. La sirena nunca habla rápida ni bruscamente, ni con tono agudo. Su voz es apacible y pausada, como si nunca hubiera despertado del todo —o abandonado el lecho.

El cuerpo y el proceso para acicalar. Si la voz tiene que adormecer, el cuerpo y su proceso para acicalar deben deslumbrar. La sirena pretende crear con su ropa el efecto de una diosa.

La clave: todo tiene que sorprender, pero también debe ser armonioso, para que ningún accesorio llame la atención por sí solo. Tu presencia debe ser intensa, exuberante, una fantasía vuelta realidad. Los accesorios sirven para hechizar y entretener. La sirena también puede valerse de la ropa para insinuar sexualidad, a veces abiertamente, aunque antes sugiriéndola que provocándola, lo cual te haría parecer manipuladora. Esto se asocia con la noción de la revelación selectiva, la puesta al descubierto de sólo una parte del cuerpo, que de todas maneras excite y despierte la imaginación.

El movimiento y el porte. La sirena se mueve graciosa y pausadamente. Los gestos, movimientos y porte apropiados de una sirena son como su voz: insinúan algo excitante, avivan el deseo sin ser obvios. Tú debes poseer un aire lánguido, como si tuvieras todo el tiempo del mundo para el amor y el placer. Dota a tus gestos de cierta ambigüedad, para que sugieran algo al mismo tiempo inocente y erótico, mezcla perversamente satisfactoria. Mientras que una parte de ti parece clamar sexo, la otra es tímida e ingenua, como si fueras incapaz de entender el efecto que ejerces.

Símbolo: *Agua. El canto de la sirena es líquido e incitante, y ella misma móvil e inasible. Como el mar, la sirena te tienta con la promesa de aventura y placer infinitos. Olvidando pasado y futuro, los hombres la siguen mar adentro, donde se ahogan.*

El libertino

Una
mujer nunca se
siente suficientemente deseada y apreciada. Quiere atención, pero
demasiado a menudo el hombre es distraído
e insensible. El libertino es una de las grandes
figuras de la fantasía femenina: cuando desea a una
mujer, por breve que pueda ser ese momento, irá hasta el fin del mundo por ella. Puede ser infiel, deshonesto
y amoral, pero eso no hace sino aumentar su atractivo. A
diferencia del hombre decente normal, el libertino es
deliciosamente desenfrenado, esclavo de su amor por
las mujeres. Está además el señuelo de su reputación:
tantas mujeres han sucumbido a él que debe haber
un motivo. Las palabras son la debilidad de la mujer, y él es un maestro del lenguaje seductor.
Despierta el ansia reprimida de una mujer
adaptando a ti la combinación de
peligro y placer del libertino.

CLAVES DE PERSONALIDAD

Pero ¿cuál es entonces esta fuerza con que Don Juan seduce? Es el deseo, la energía del deseo sensual. Él desea en cada mujer la totalidad de la feminidad. La reacción a esta pasión gigantesca embellece y desarrolla a la persona deseada, la cual se enciende en acrecentada hermosura al reflejarla. Así como el fuego del entusiasta ilumina con fascinante esplendor aun a quienes traban con él una relación casual, Don Juan transfigura en un sentido mucho más profundo a cada mujer.
SØREN KIERKEGAARD,
O esto o aquello

En principio podría parecer extraño que un hombre visiblemente deshonesto, infiel y sin interés en el matrimonio atraiga a una mujer. Pero a lo largo de la historia, y en todas las culturas, este tipo ha tenido un efecto implacable. El libertino ofrece lo que la sociedad no permite normalmente a las mujeres: una aventura de placer absoluto, un excitante roce con el peligro. Una mujer suele sentirse abrumada por el papel que se espera de ella. Se supone que debe ser una delicada fuerza civilizadora de la sociedad, y anhelar compromiso y lealtad de por vida. Pero, con frecuencia, su matrimonio y relaciones no le brindan romance ni devoción, sino rutina y una pareja invariablemente distraída. Es por eso que persiste la fantasía femenina de un hombre capaz de entregarse por entero; un hombre que viva para la mujer, así sea sólo un instante.

Para actuar como libertino, el requisito más obvio es la capacidad de soltarte, de atraer a una mujer al momento puramente sexual en que pasado y futuro pierden sentido. El deseo intenso ejerce un poder perturbador en una mujer, como el de la presencia física de la sirena en el hombre. Una mujer suele estar a la defensiva, y puede percibir falta de sinceridad o cálculo. Pero si se siente consumida por tus atenciones, y está segura de que harás cualquier cosa por ella, no verá en ti nada más, o encontrará la manera de perdonar tus indiscreciones. La clave es no exhibir el menor titubeo, dejar toda inhibición, soltarte, demostrar que no te es posible controlarte. No te preocupes de inspirar desconfianza; en tanto seas esclavo de sus encantos, ella no pensará en lo que viene después.

Al libertino jamás le preocupa que una mujer se le

resista, ni, en realidad, ningún otro obstáculo en su camino: un marido, una barrera física. La resistencia no hace otra cosa que espolear su deseo, incitarlo aún más. Recuerda: si no enfrentas resistencias y obstáculos, debes crearlos. La seducción no puede avanzar sin ellos.

La radicalidad del libertino va aparejada con la sensación de peligro y tabú, e incluso cierto dejo de crueldad que lo rodea. Así como un hombre puede caer víctima de la sirena por su deseo de liberarse de su masculino sentido de responsabilidad, una mujer puede sucumbir al libertino por su anhelo de liberarse de las restricciones de la virtud y la decencia. Es frecuente, en efecto, que la mujer más virtuosa sea la que se enamore más del disoluto. Como a los hombres, también a ellas les atrae enormemente lo prohibido, lo peligroso, incluso lo un tanto perverso. Recuerda siempre: para actuar como libertino, debes transmitir una sensación de oscuridad y riesgo, con objeto de sugerir a tu víctima que participa de algo raro y estremecedor —una oportunidad para satisfacer sus propios deseos lascivos.

Entre las cualidades más seductoras del libertino está su habilidad para lograr que las mujeres deseen reformarlo. Debes explotar esta tendencia al máximo. Cuando te sorprendan en flagrante libertinaje, echa mano de tu debilidad: tu deseo de cambiar, y tu imposibilidad de conseguirlo. Con tantas mujeres a tus pies, ¿qué puedes hacer? La víctima eres tú. Necesitas ayuda. Ninguna mujer dejará pasar esta oportunidad; son singularmente indulgentes con el libertino, por su prestancia y simpatía. El deseo de reformarlo esconde la verdadera naturaleza de su deseo, la secreta emoción que obtienen de él.

Cada género tiene su propia debilidad. El hombre es tradicionalmente vulnerable a lo visual. La debilidad de

Entre los numerosos modos de entender el efecto de Don Juan en las mujeres, vale destacar el motivo del héroe irresistible, porque ilustra un cambio curioso en nuestra sensibilidad. Don Juan no se volvió irresistible para las mujeres hasta la época romántica, y me inclino a pensar que es un rasgo de la imaginación femenina que se haya vuelto así. Cuando la voz femenina empezó a afirmarse e incluso, quizá, a dominar en la literatura, Don Juan evolucionó hasta convertirse en el ideal de las mujeres, más que de los hombres. [...] Don Juan es ya el sueño femenino del amante perfecto, fugitivo, apasionado, intrépido.

Concede a la mujer un momento inolvidable, la magnífica exaltación de la carne, que tan a menudo le niega su esposo, el cual cree que los hombres son ordinarios y las mujeres espirituales. Ser el fatídico Don Juan quizá sea el sueño de pocos hombres, pero conocerlo es el sueño de muchas mujeres.
OSCAR MANDEL, "The Legend of Don Juan", en *The Theater of Don Juan*

las mujeres son el lenguaje y las palabras. El libertino es tan promiscuo con las palabras como con las mujeres. Elige términos por su aptitud para sugerir, insinuar, hipnotizar, elevar, contagiar. El libertino usa el lenguaje no para comunicar o transmitir información sino para persuadir, halagar y causar confusión emocional. Recuerda: lo que importa es la forma, no el contenido. Da a tus palabras un elevado sabor espiritual y literario, el mejor para insinuar deseo.

Por último, uno de los bienes más preciados del libertino es su fama. Nunca restes importancia a tu mala reputación, ni parezcas disculparte por ella. Al contrario: acéptala, auméntala. Ella es la que te atrae mujeres. No dejes tu reputación al azar o al rumor; es tu obra maestra, y debes producirla, pulirla y exhibirla con la atención de un artista.

Símbolo:

Fuego. El libertino arde en deseos que encienden los de la mujer a la que seduce. Son extremos, incontrolables y peligrosos. Él puede terminar en el infierno, pero las llamas que lo rodean suelen hacerlo mucho más deseable para las mujeres.

El amante ideal

La
mayoría de la gente
tiene sueños de juventud que se
hacen trizas o desgastan con la edad. Se ve
decepcionada por personas, sucesos y realida-
des que no están a la altura de sus aspiraciones juveniles. Los amantes ideales medran en esos sueños
insatisfechos, convertidos en duraderas fantasías. ¿An-
helas romance? ¿Aventura? ¿Suprema comunión espiritual? El amante ideal refleja tu fantasía. Es experto en
crear la ilusión que necesitas, idealizando tu imagen. En un mundo de bajeza y desencanto, hay
un ilimitado poder seductor en seguir la
senda del amante ideal.

CLAVES DE PERSONALIDAD

Cada uno de nosotros lleva dentro un ideal, de lo que querríamos ser o de cómo nos gustaría que otra persona fuera con nosotros. Este ideal data de nuestra más tierna infancia: de lo que alguna vez creímos que nos faltaba en la vida, de lo que los demás no nos daban, de lo que nosotros no podíamos darnos. Quizá nos vimos colmados de comodidades, y ahora ansiamos peligro y rebelión. Si queremos peligro pero nos asusta, es probable que busquemos a alguien que se siente a gusto con él. O quizá nuestro ideal sea más elevado: queremos ser más creativos, nobles, bondadosos de lo que alguna vez fuimos. Nuestro ideal es algo que creemos que falta en nuestro interior.

Podría ser que ese ideal haya sido enterrado por la decepción, pero acecha debajo de ella, a la espera de ser liberado. Si alguien parece poseer esa cualidad ideal, o ser capaz de hacerla surgir en nosotros, nos enamoramos. Ésta es la reacción ante los amantes ideales. Sensibles a lo que nos falta, a la fantasía que nos reanimará, ellos reflejan nuestro ideal, y nosotros hacemos el resto, proyectando en ellos nuestros más profundos deseos y anhelos.

El amante ideal es raro en el mundo moderno, porque este papel implica esfuerzo. Te obliga a concentrarte intensamente en la otra persona, a sondear qué le falta, lo cual es la causa de su desilusión. La gente suele revelar esto en formas sutiles. Ignora las palabras y conducta consciente de tus blancos; fíjate en su tono de voz, un sonrojo aquí, una mirada allá: las señales que delatan lo que sus palabras no dirán. Aparentando ser lo que les hace falta, encajarás en su ideal.

Crear este efecto demanda paciencia y atención a los detalles. La mayoría de las personas están tan absortas

Un buen amante se conducirá con elegancia tanto en la oscuridad como en cualquier otro momento. Se deslizará de la cama con una mirada de consternación. Cuando la mujer le suplique: "Vete, amigo, está aclarando. Nadie debe verte aquí", él lanzará un hondo suspiro revelador de que la noche no ha sido suficientemente larga y que abandonar a su dama lo hace sufrir. Ya de pie, no se vestirá de inmediato, sino que acercándose a su amada le susurrará todo lo que ha quedado sin decir durante la noche. Incluso ya vestido, se demorará ajustándose el cinturón con gestos lánguidos. Luego levantará la celosía y permanecerá con su dama de pie junto a la puerta, en sus deseos, tan impacientes, que son incapaces de adoptar el papel del amante ideal. Tú conviértelo en una fuente de infinitas oportunidades. Sé un oasis en el desierto del ensimismado; pocos pueden resistir la tentación de seguir a una persona que parece tan afín a sus deseos, tan dispuesta a dar vida a sus fantasías.

La personificación del amante ideal en la década de 1920 fue Rodolfo Valentino, o al menos la imagen que de él se creó en el cine. Todo lo que hacía —obsequio de regalos o ramos de flores, el baile, la forma en que tomaba la mano de una mujer— revelaba una escrupulosa atención a los detalles, lo que indicaba cuánto pensaba en una mujer. La imagen era la de un hombre que prolongaba el cortejo, lo que hacía de éste una experiencia estética. Los hombres odiaban a Valentino, porque las mujeres empezaron a esperar que ellos se ajustaran al ideal de paciencia y atención que él representaba. Pues nada es más seductor que la paciente atención. Ella hace que la aventura parezca honorosa, estética, no meramente sexual. El poder de un Valentino, en particular en nuestros días, reside en que personas así son muy raras. El arte de encarnar el ideal de una mujer ha desaparecido casi del todo, lo que no hace sino volverlo mucho más tentador.

Si el amante caballeroso sigue siendo el ideal de las mujeres, los hombres suelen idealizar a la virgen/ramera, una mujer que combina la sensualidad con un aire de espiritualidad o inocencia. La clave es en este caso la ambigüedad: combinar la apariencia de delicadeza y los placeres de la carne con un aire de inocencia, espiritualidad y sensibilidad poética. Esta mezcla de lo supremo y lo abyecto es extremadamente seductora.

Si los amantes ideales son expertos en seducir a las personas apelando a su más alto concepto de sí, a algo perdido en su infancia, los políticos pueden beneficiarse

diciendo cuánto lamenta la llegada del día que los apartará, y huirá. Verlo partir en ese momento será para ella uno de los más deliciososos recuerdos. La elegancia de la despedida influye enormemente en el apego que tengamos por un caballero. Si salta de la cama, ronda por la habitación, se ajusta demasiado las cintas de su pantalón, se arremanga y se llena el pecho con sus pertenencias, asegurando enérgicamente su cinturón, comenzamos a odiarlo. SEI SHÔNAGON, *El libro de la almohada*

Las mujeres han servido todos estos siglos como espejos con el poder mágico y delicioso de reflejar la figura de un hombre al doble de su tamaño.
VIRGINIA WOOLF, Una habitación propia

de la aplicación de esta habilidad a gran escala, al electorado entero. Esto fue lo que hizo, muy deliberadamente, John F. Kennedy con el pueblo estadunidense, en particular al crear el aura de "Camelot" en torno suyo. El término *Camelot* no se asoció con su periodo presidencial hasta después de su muerte, pero el romanticismo que él proyectaba de modo consciente por su juventud y donaire operó por completo durante su vida. Más sutilmente, Kennedy también jugó con las imágenes de grandeza e ideales abandonados de Estados Unidos. La gente literalmente se enamoró de él y de su imagen.

Recuerda: la mayoría de la gente supone ser más grande de lo que parece ante el mundo. Tiene muchos ideales sin cumplir: podría ser artista, pensadora, líder, una figura espiritual, pero el mundo la ha oprimido, le ha negado la oportunidad de dejar florecer sus habilidades. Ésta es la clave para seducirla, y conservarla así al paso del tiempo. Si sólo apelas al lado físico de las personas, como lo hacen muchos seductores aficionados, te reprocharán que explotes sus bajos instintos. Pero apela a lo mejor de ellas, a un plano más alto de belleza, y apenas si notarán que las has seducido. Hazlas sentir elevadas, nobles, espirituales, y tu poder sobre ellas será ilimitado.

Símbolo: El retratista. Bajo su mirada, todas tus imperfecciones físicas desaparecen. Él saca a relucir tus nobles cualidades, te encuadra en un mito, te diviniza, te inmortaliza. Por su capacidad para crear tales fantasías, es recompensado con inmenso poder.

El dandy

Casi
todos nos senti-
mos atrapados en los limita-
dos papeles que el mundo espera que
actuemos. Al instante nos atraen quienes
son más desenvueltos, más ambiguos, que nosotros: aquellos que crean su propio personaje.
Los dandys nos excitan porque son inclasificables, y
porque insinúan una libertad que deseamos. Juegan
con la masculinidad y la feminidad; inventan su imagen física, asombrosa siempre; son misteriosos y elusivos. Apelan también al narcisismo de cada sexo: para
una mujer son psicológicamente femeninos, para
un hombre son masculinos. Los dandys fascinan y seducen en grandes cantidades. Usa la
eficacia del dandy para crear una presencia ambigua y tentadora que
agite deseos reprimidos.

CLAVES DE PERSONALIDAD

Muchos imaginamos hoy que la libertad sexual ha avanzado en los últimos años; que todo ha cambiado, para bien o para mal. Esto es en gran medida una ilusión; un repaso de la historia revela periodos de mucho mayor libertinaje (la Roma imperial, la Inglaterra de fines del siglo XVII, el "mundo flotante" del Japón del siglo XVIII) que el que experimentamos en la actualidad. Los roles de género ciertamente están cambiando, pero no es la primera vez que esto ocurre. La sociedad está sujeta a un estado de flujo permanente, pero hay algo que no cambia: el ajuste de la inmensa mayoría de la gente a lo que en su época se considera normal. Su desempeño del papel que se le asigna. La conformidad es una constante porque los seres humanos somos criaturas sociales en continua imitación recíproca.

Dandys ha habido en todas las épocas y culturas, y en todas partes han prosperado gracias al papel conformista de los demás. El dandy hace gala de una diferencia real y radical, en apariencia y actitud. Puesto que a casi todos nos oprime en secreto la falta de libertad, nos atraen quienes son más desenvueltos que nosotros y hacen alarde de su diferencia.

Los dandys seducen tanto social como sexualmente; se forman grupos a su alrededor, su estilo es muy imitado, una corte o multitudes enteras se enamorarán de ellos. Al adaptar a tus propósitos la personalidad del dandy, recuerda que él es por naturaleza una rara y hermosa flor. Sé diferente tanto de modo impactante como estético, nunca vulgar; búrlate de las tendencias y estilos establecidos, sigue una dirección novedosa, y que no te importe en absoluto lo que hacen los demás. La mayoría es insegura; se maravillará de lo que eres capaz de

El dandismo no es siquiera, como muchas personas irreflexivas parecen suponer, un inmoderado interés en la apariencia personal y la elegancia material. Para el verdadero dandy, estas cosas son sólo un símbolo de la aristocrática superioridad de su personalidad. [...] • ¿Qué es, entonces, esta pasión dominante que se ha convertido en un credo y engendrado sus propios tiranos consumados? ¿Qué es esta constitución no escrita que ha creado una casta tan altiva? Es, sobre todo, una ardiente necesidad de adquirir originalidad, dentro de los aparentes límites de la convención. Es una suerte de culto a uno mismo, que puede prescindir incluso de lo que se conoce comúnmente como ilusiones. Es el deleite hacer, y con el tiempo terminará por admirarte e imitarte, porque te expresas con toda seguridad.

A los dandys se les ha definido tradicionalmente por su forma de vestir, y es indudable que la mayoría de ellos crean un estilo visual único. Beau Brumell, el más famoso de los dandys, pasaba horas arreglándose, en particular el nudo de inimitable diseño de su corbata, que lo volvió célebre en Inglaterra a principios del siglo xix. Pero el estilo del dandy no puede ser obvio, porque los dandys son sutiles, y jamás se obstinan en llamar la atención: la atención les llega sola. Un atuendo flagrantemente diferente delata escaso gusto o imaginación. Los dandys exhiben su diferencia en los pequeños toques que señalan su desprecio por las convenciones: el traje de terciopelo verde de Oscar Wilde, las pelucas plateadas de Andy Warhol. La dandy opera en forma similar. Puede adoptar ropa masculina, por decir algo, pero si lo hace, un toque aquí o allá la vuelve distinta: ningún hombre se vestiría nunca como George Sand. El sombrero de copa y las botas de montar que ella lucía en las calles de París la hacían un espectáculo digno de verse.

Recuerda: debe haber un punto de referencia. Si tu estilo visual es totalmente desconocido, la gente creerá, en el mejor de los casos, que te gusta llamar la atención, y, en el peor, que estás loco. Inventa en cambio tu propia moda adaptando y alterando los estilos imperantes, para convertirte en un objeto de fascinación. Haz bien esto y serás muy imitado.

El inconformismo de los dandys, sin embargo, va mucho más allá de las apariencias. Es una actitud de vida, que los distingue; adopta esta actitud y un círculo de seguidores aparecerá a tu alrededor.

Los dandys son muy insolentes. Los demás les importan un bledo, y nunca les interesa complacer. La

de causar sorpresa, y la orgullosa satisfacción de no sorprenderse jamás. [...] CHARLES BAUDELAIRE, *El dandy,* citado en *Vice: An Anthology,* edición de RICHARD DAVENPORT-HINES

Soy mujer. Todo artista es mujer y debe sentir gusto por las demás mujeres. Los homosexuales no pueden ser verdaderos artistas porque les gustan los hombres, y como son mujeres vuelven a la normalidad.
PABLO PICASSO

insolencia del dandy apunta a la sociedad y sus convenciones. Y como a la gente suele pesarle la obligación de ser siempre benévola y cortés, le deleita la compañía de una persona que desdeña tales insignificancias.

Los dandys son maestros en el arte de vivir. Viven para el placer, no para el trabajo; se rodean de bellos objetos y comen y beben con el mismo deleite que muestran en el vestir. La clave es convertir todo en una elección estética. Tu habilidad para matar el aburrimiento haciendo de la vida un arte volverá muy apreciada tu compañía.

El sexo opuesto es un territorio extraño que nunca conoceremos del todo, y esto nos excita, produce la tensión sexual adecuada. Pero también es una fuente de molestia y frustración. Los hombres no comprenden a las mujeres, y viceversa; cada grupo intenta hacer que el otro actúe como si perteneciera a su sexo. Puede ser que a los dandys no les interese agradar, pero en esta área tienen un grato efecto: al adoptar rasgos psicológicos del sexo opuesto, apelan a nuestro narcisismo inherente. Esta suerte de travestismo mental —la capacidad de acceder al espíritu del sexo opuesto, adaptarse a su manera de pensar, ser reflejo de sus gustos y actitudes— puede ser un elemento clave en la seducción. Es una manera de hipnotizar a tu víctima.

El dandy femenino (el hombre ligeramente andrógino) tienta a la mujer justo con lo que a ella le gusta: una presencia conocida, grata. En su calidad de reflejo de la psicología femenina, ostenta cuidado en su apariencia, sensibilidad a los detalles y cierto grado de coquetería, pero también un toque de masculina crueldad. Las mujeres son narcisistas y se enamoran de los encantos de su sexo. Al presentarles un encanto femenino, un hombre puede hipnotizarlas y desarmarlas, y volverlas vulnerables a un embate masculino audaz.

La dandy masculina (la mujer ligeramente andrógina) triunfa al trastocar la pauta normal de la superioridad masculina en cuestiones de amor y seducción. La aparente independencia del hombre, su capacidad para el desdén, a menudo parecen darle la ventaja en la dinámica entre hombres y mujeres. Una mujer puramente femenina despertará deseo, pero siempre será vulnerable a la caprichosa pérdida de interés del hombre; una mujer puramente masculina, por el contrario, no despertará en lo absoluto ese interés. Tú sigue, en cambio, la senda de la dandy masculina y neutralizarás todos los poderes de un hombre. Nunca te entregues por completo; aunque seas apasionadamente sexual, conserva siempre un aire de independencia y autocontrol. Podrías pasar entonces al hombre siguiente, o al menos eso pensará él. Tú tienes cosas más importantes que hacer, como trabajar. Los hombres no saben cómo hacer frente a las mujeres que usan contra ellos sus propias armas; esto los intriga, excita y desarma.

De acuerdo con Freud, la libido humana es, en esencia, bisexual; a la mayoría de las personas les atrae de un modo u otro los individuos de su mismo sexo, pero las restricciones sociales (que varían según la cultura y periodo histórico) reprimen esos impulsos. El dandy representa una liberación de tales restricciones.

No te dejes engañar por la reprobación superficial que tu actitud de dandy puede provocar. Aun si la sociedad propala su desconfianza de la androginia (en la teología cristiana Satanás suele representarse como andrógino), con eso no hace otra cosa que esconder su fascinación por ella; lo más seductor es con frecuencia lo más reprimido. Adopta un dandismo festivo y será el imán de los recónditos anhelos insatisfechos de la gente.

La majestuosidad con que se eleva a la altura de la verdadera realeza la tomó el dandy de las mujeres, las que parecerían naturalmente hechas para ese papel. Es en cierto modo usando la actitud y método de las mujeres que el dandy domina. Y él hace que las propias mujeres aprueben esta usurpación de la feminidad. [...] El dandy posee algo antinatural y andrógino, lo cual es precisamente lo que le permite seducir sin cesar.
JULES LEMAÎTRE,
Los contemporáneos

La clave de este poder es la ambigüedad. En una sociedad en donde los papeles que todos desempeñamos son obvios, la negativa a ajustarse a cualquier norma despertará interés. Sé masculino y femenino, insolente y encantador, sutil y extravagante. Que los demás se preocupen de ser socialmente aceptables; esa gente abunda, y tú persigues un poder más grande del que ella puede imaginar.

Símbolo: La
orquídea. Su forma y
color sugieren extrañamen-
te los dos sexos, y su perfume
es dulce y voluptuoso: es una flor
tropical del mal. Fina y muy culti-
vada, se le valora por su rareza; es
diferente a cualquier otra flor.

El cándido

La niñez es el paraí-
so dorado que, consciente o inconscientemente, en todo momento in-
tentamos recrear. El cándido personifica las
añoradas cualidades de la infancia: espontaneidad, sinceridad, sencillez. En presencia de los cándidos nos sentimos a gusto, arrebatados por su espíritu
juguetón, transportados a esa edad de oro. Ellos hacen
de la debilidad virtud, pues la compasión que despiertan
con sus tanteos nos impulsa a protegerlos y ayudarlos.
Como en los niños, gran parte de esto es natural, pero
otra es exagerada, una maniobra intencional de
seducción. Adopta la actitud del cándido para
neutralizar la reserva natural de la
gente y contagiarla de tu des-
valido encanto.

RASGOS PSICOLÓGICOS DEL CÁNDIDO

Muy antiguas eras tienen una inmensa, y a menudo desconcertante, atracción para la imaginación de los hombres. Cada vez que ellos están satisfechos con sus circunstancias presentes —lo que ocurre con demasiada frecuencia—, dan la espalda al pasado y esperan ser capaces de probar la veracidad del sueño inagotable de una edad de oro. Probablemente aún estén bajo el hechizo de su infancia, presentada por su memoria, en absoluto imparcial, como un periodo de dicha ininterrumpida.
SIGMUND FREUD, *Obras completas*, VOLUMEN XXIII

Los niños no son tan inocentes como nos gusta imaginarlos. Sufren desamparo, y advierten pronto el poder de su encanto natural para compensar su debilidad en el mundo de los adultos. Aprenden un juego: si su inocencia natural puede convencer a sus padres de ceder a sus deseos, entonces es algo que pueden usar estratégicamente en otros casos, exagerándolo en el momento indicado para salirse con la suya. Si su vulnerabilidad y debilidad son tan atractivas, pueden utilizarlas para llamar la atención.

Un niño representa un mundo del que se nos ha desterrado para siempre. Como la vida adulta es aburrida y acomodaticia, nos creamos la ilusión de que la infancia es una especie de edad de oro, pese a que a menudo pueda ser un periodo de gran confusión y dolor. Aun así, es innegable que la niñez tuvo sus privilegios, y que de niños teníamos una actitud placentera ante la vida. Frente a un niño particularmente encantador, solemos ponernos nostálgicos: recordamos nuestro maravilloso pasado, las cualidades que perdimos y que quisiéramos volver a tener. Y en presencia del niño, recuperamos un poco de esa maravilla.

Los seductores naturales son personas que de algún modo evitaron que la experiencia adulta las privara de ciertos rasgos infantiles. Estas personas pueden ser tan eficazmente seductoras como un niño, porque nos parece extraño y asombroso que hayan preservado esas cualidades. No son literalmente semejantes a niños, por supuesto; eso las volvería detestables o dignas de lástima. Más bien, es el espíritu infantil lo que conservan. No creas que esta puerilidad es algo que escapa a su control. Los seductores naturales advierten pronto el valor de preservar una cualidad particular, y el poder de seducción que ésta contiene; adaptan y refuerzan los rasgos infantiles que lograron mantener, justo como el niño aprende a jugar con su natural encanto. Ésta es la clave. Tú puedes hacer lo mismo, porque dentro de todos nosotros acecha un niño travieso que pugna por liberarse.

Los siguientes son los tipos principales del cándido adulto. Ten en mente que los grandes seductores naturales suelen ser una combinación de más de una de estas cualidades.

El inocente. El cándido adulto no es realmente inocente: resulta imposible crecer en este mundo y conservar una inocencia total. Pero los cándidos anhelan tanto asirse a su actitud inocente que logran mantener la ilusión de inocencia. Exageran su debilidad para incitar la compasión adecuada. Actúan como si aún vieran el mundo con ojos inocentes, lo que en un adulto es doblemente gracioso. Gran parte de esto es consciente, pero para ser eficaces los cándidos adultos deben dar la impresión de que es sencillo y sutil; si se descubre que quieren parecer inocentes, todo resultará patético. Aprende a magnificar tus debilidades o defectos naturales.

El niño travieso. Los niños inquietos poseen una osadía que los adultos hemos perdido. Esto se debe a que no ven las consecuencias de sus actos: que algunas personas podrían ofenderse, y que por esto ellos podrían resultar físicamente lastimados. Los niños traviesos son descarada, dichosamente indiferentes. Su alegría es contagiosa. La obligación de ser corteses y atentos no les ha arrebatado aún su energía y espíritu naturales. Los envidiamos en secreto; nosotros también quisiéramos ser pícaros.

Un hombre puede conocer a una mujer y horrorizarse de su fealdad. Pronto, si ella es candorosa y sencilla, su expresión hará que él pase por alto el defecto de sus facciones. Empezará a encontrarla encantadora, se le meterá en la cabeza que ella podría ser amada, y una semana más tarde vivirá de la esperanza. A la semana siguiente caerá en la desesperación, y una semana después se habrá vuelto loco.
STENDHAL, *Del amor*

Los pícaros adultos son seductores por ser tan diferentes al resto de nosotros. Bocanadas de aire fresco en un mundo cauteloso, se desenfrenan como si sus travesuras fueran incontrolables, y por tanto naturales. Si tú adoptas este papel, no te preocupes si ofendes a la gente de vez en cuando; eres demasiado adorable, e inevitablemente se te perdonará.

El niño prodigio. Un niño prodigio tiene un talento especial inexplicable: un don para la música, las matemáticas, el ajedrez o el deporte. Cuando operan en el terreno en el que poseen tan excepcional habilidad, estos niños parecen poseídos, y sus actos muy simples. Si son artistas o músicos, tipo Mozart, su desempeño parece brotar de un impulso innato, y requerir así muy poca premeditación. Si lo que poseen es un talento físico, están dotados de singular energía, destreza y espontaneidad. En ambos casos, parecen demasiado talentosos para su edad. Esto nos fascina.

Los adultos prodigio fueron por lo común niños prodigio, pero lograron retener notablemente su vigorosa impulsividad y habilidades infantiles de improvisación. Para actuar como un adulto prodigio debes poseer una habilidad que parezca fácil y natural, junto con la capacidad de improvisar. Si lo cierto es que tu habilidad requiere práctica, oculta esto, y aprende a conseguir que tu desempeño parezca sencillo. Cuanto más escondas el esfuerzo con que actúas, más natural y seductora parecerá tu actuación.

El amante accesible. Cuando la gente madura, se protege contra experiencias dolorosas encerrándose en sí misma. El precio de esto es la rigidez, física y mental. Pero los niños están por naturaleza desprotegidos y dispuestos a experimentar, y esta receptividad es muy atractiva. En presencia de niños nos volvemos menos rígidos, contagiados por su apertura. Por eso nos gusta estar con ellos.

Los amantes accesibles han sorteado de alguna manera el proceso de autoprotección, y conservado el espíritu juguetón de los niños. El amante accesible reduce las inhibiciones de su objetivo, parte crítica de la seducción. Muéstrate abierto a la influencia de los demás, y caerán más fácilmente bajo tu hechizo.

Símbolo: El corde-
ro. Suave y cautivador. A
los dos días de nacido, reto-
za con gracia; en una semana
ya juega "Lo que hace la
mano...". Su debilidad es parte
de su encanto. El cordero es ino-
cencia pura; tanto, que quere-
mos poseerlo, y aun devorarlo.

La coqueta

La habilidad para
retardar la satisfacción es el
arte consumado de la seducción:
mientras espera, la víctima está subyu-
gada. Las coquetas son las grandes maestras
de este juego, pues orquestan el vaivén entre
esperanza y frustración. Azuzan con una promesa
de premio —la esperanza de placer físico, felicidad,
fama por asociación, poder— que resulta elusiva,
pero que sólo provoca que sus objetivos las persigan
más. Las coquetas semejan ser totalmente autosuficientes: no te necesitan, parecen decir, y su narcisismo resulta endemoniadamente atractivo. Quieres conquis-
tarlas, pero ellas tienen las cartas. La estrategia de
la coqueta es no ofrecer nunca satisfacción total. Imita la vehemencia e indiferencia al-
ternadas de la coqueta y mantendrás al seducido tras de ti.

CLAVES DE PERSONALIDAD

Las mujeres [narcisistas] son las que más fascinan a los hombres. [...] El encanto de un niño radica en gran medida en su narcisismo, su autosuficiencia e inaccesibilidad, lo mismo que el de ciertos animales que parecen no interesarse en nosotros, como los gatos. [...] Es como si envidiáramos su capacidad para preservar un ánimo dichoso, una posición invulnerable en la libido que nosotros ya hemos abandonado.
SIGMUND FREUD,

Las coquetas saben complacer, no amar, y por eso los hombres las quieren tanto.
PIERRE MARIVAUX

Una ausencia, el rechazo de una invitación a cenar, una rudeza inintencionada, inconsciente, son mucho más útiles que todos los cosméticos y prendas elegantes del mundo.
MARCEL PROUST

Según la sabiduría popular, las coquetas son embaucadoras consumadas, expertas en incitar el deseo con una apariencia provocativa o una actitud tentadora. Pero la verdadera esencia de las coquetas es de hecho su habilidad para atrapar emocionalmente a la gente, y mantener a sus víctimas en sus garras mucho después de ese primer cosquilleo del deseo. Esta aptitud las coloca en las filas de las seductoras más efectivas.

Para comprender el peculiar poder de la coqueta, primero debes entender una propiedad crítica del amor y el deseo: entre más obviamente persigas a una persona, más probable es que la ahuyentes. Demasiada atención puede ser interesante un rato, pero pronto se vuelve empalagosa, y al final es claustrofóbica y alarmante. Indica debilidad y necesidad, una combinación poco seductora. Muy a menudo cometemos este error, pensando que nuestra presencia persistente es tranquilizadora. Pero las coquetas poseen un conocimiento inherente de esta dinámica. Maestras del repliegue selectivo, insinúan frialdad, ausentándose a veces para mantener a su víctima fuera de balance, sorprendida, intrigada. Sus repliegues las vuelven misteriosas, y las engrandecemos en nuestra imaginación. Un poco de distancia compromete más las emociones; en vez de enojarnos, nos hace inseguras. Quizá en realidad no le gustemos a esa persona, a lo mejor hemos perdido su interés. Una vez que nuestra vanidad está en juego, sucumbimos a la coqueta sólo para demostrar que aún somos deseables. Recuerda: la esencia de la coqueta no radica en el señuelo y la tentación, sino en la posterior marcha atrás, la reticencia emocional. Ésta es la clave del deseo esclavizador.

Las coquetas no tienen necesidades emocionales; son autosuficientes. Y esto es asombrosamente seductor. La autoestima es decisiva en la seducción. Una autoestima baja repele, la seguridad y autosuficiencia atraen. Cuanto menos parezcas necesitar de los demás, es más probable que se sientan atraídos hacia ti. Comprende la importancia de esto en todas las relaciones y descubrirás que tu necesidad es más fácil de suprimir.

Ante todo, la coqueta debe poder excitar al objeto de su atención. La atracción puede ser sexual, la añagaza de la celebridad, lo que sea. Al mismo tiempo, la coqueta emite señales contradictorias que estimulan respuestas contradictorias, hundiendo a la víctima en la confusión.

La coquetería depende del desarrollo de una pauta para mantener confundida a la otra persona. Esta estrategia es muy eficaz. Al experimentar un placer una vez, anhelamos repetirlo; así, la coqueta nos brinda placer, pero luego lo retira.

Las coquetas nunca se ponen celosas: esto atentaría contra su imagen de autosuficiencia fundamental. Pero son expertas en causar celos: al poner atención en un tercero, creando así un triángulo de deseo, indican a sus víctimas que quizá ya no estén interesadas en ellas. Esta triangulación es extremadamente seductora, en contextos sociales tanto como eróticos. Recuerda mantener distancia emocional y física. Esto te permitirá llorar y reír a voluntad, y proyectar autosuficiencia; y con tal desapego, podrás jugar con las emociones de la gente como si tocaras un piano.

Aquella que retenga largo tiempo su poder, habrá de servirse del mal de su amante.
OVIDIO

Existe una manera de presentar la causa propia tratando al público con tal frialdad y condescendencia que no pueda menos que notar que aquello no se hace para complacerlo. El principio debe ser siempre no hacer concesiones a quienes no tienen nada que dar pero todo que ganar de nosotros. Podemos esperar a que supliquen de rodillas, aun si tardan mucho en hacerlo.
SIGMUND FREUD,
Carta a un discípulo,
citada en Paul Roazen,
Freud y sus discípulos

Símbolo: La
sombra. Es inasible.
Persigue tu sombra y
huirá; dale la espalda y te
seguirá. Es también el lado
oscuro de una persona, lo
que la vuelve misteriosa. Ha-
biéndonos dado placer, la
sombra de su ausencia nos
hace ansiar su regreso,
como las nubes el sol.

El encantador

El encanto es la seducción sin sexo. Los encantadores son manipuladores consumados que encubren su destreza generando un ambiente de bienestar y placer. Su método es simple: desviar la atención de sí mismos y dirigirla a su objetivo. Comprenden tu espíritu, sienten tu pena, se adaptan a tu estado de ánimo. En presencia de un encantador, te sientes mejor. Los encantadores no discuten, pelean, se quejan ni fastidian: ¿qué podría ser más seductor? Al atraerte con su indulgencia, te hacen dependiente de ellos, y su poder aumenta. Aprende a ejercer el hechizo del encantador apuntando a las debilidades primarias de la gente: vanidad y amor propio.

EL ARTE DEL ENCANTO

A las aves se les atrapa con caramillos que imitan su voz, y a los hombres con los dichos más gratos a su opiniones.
SAMUEL BUTLER

La sexualidad es sumamente perturbadora. Las inseguridades y emociones que suscita pueden interrumpir a menudo una relación que de otra manera se profundizaría y perduraría. La solución del encantador es satisfacer los aspectos tentadores y adictivos de la sexualidad —la atención concentrada, el mayor amor propio, el cortejo placentero, la comprensión (real o ilusoria)—, pero sustraer el sexo mismo. Esto no quiere decir que el encantador reprima o desaliente la sexualidad; bajo la superficie de toda tentativa de encantamiento acecha un señuelo sexual, una posibilidad. El encanto no puede existir sin un dejo de tensión sexual. Pero tampoco puede sostenerse a menos que el sexo se mantenga a raya o en segundo plano.

La palabra *encanto* procede del latín *incantamentum*, *engaño*, aunque también *conjuro*, en el sentido de "pronunciación de fórmulas mágicas". El encantador conoce implícitamente este concepto, hechiza dándole a la gente algo que mantiene su atención, que le fascina. Y el secreto para captar la atención de la gente, y reducir al mismo tiempo sus facultades racionales, es atacar aquello sobre lo que tiene menos control: su ego, vanidad y amor propio. Como dijo Benjamin Disraeli: "Háblale a un hombre de sí mismo y escuchará horas enteras". Esta estrategia no debe ser obvia; la sutileza es la gran habilidad del encantador. Para evitar que su objetivo entrevea sus esfuerzos, sospeche y hasta se aburra, es esencial un tacto ligero.

Las siguientes son las leyes del encanto.

Ya sabes qué es el encanto: una manera de obtener como respuesta un sí sin haber hecho una pregunta clara.
ALBERT CAMUS

Haz de tu objetivo el centro de atención. Los encantadores se pierden en segundo plano; sus objetivos son su tema de interés. Para ser un encantador, debes aprender a escuchar y observar. Deja hablar a tus objetivos, y con ello quedarán al descubierto. Al conocerlos mejor podrás individualizar tu atención, apelar a sus deseos y necesidades específicos y ajustar tus halagos a sus inseguridades. Hazlos la estrella del espectáculo y cobrarán adicción y dependencia de ti.

Sé una fuente de placer. Nadie quiere enterarse de tus problemas y dificultades. Escucha las quejas de tus objetivos, pero sobre todo distráelos de sus problemas dándoles placer. (Haz esto con la frecuencia suficiente y caerán bajo tu hechizo.) Ser alegre y divertido siempre es más encantador que ser serio y censurador.

Convierte el antagonismo en armonía. Jamás provoques antagonismos que resulten inmunes a tu encanto; frente a los agresivos, retírate, déjalos conseguir sus pequeñas victorias. Cesión e indulgencia harán que, a fuerza de encanto, todo posible enemigo deponga su ira. Nunca critiques abiertamente a la gente; esto la hará sentirse insegura, y se resistirá al cambio. Siembra ideas, insinúa sugerencias.

Induce a tus víctimas al sosiego y la comodidad. El encanto es como el truco del hipnotista con el reloj oscilante: entre más se relaje el objetivo, más fácil te será inclinarlo a tu voluntad. La clave para hacer que tus víctimas se sientan cómodas es ser su reflejo, adaptarse a sus estados de ánimo. Las personas son narcisistas; se sienten atraídas por quienes se parecen más a ellas. Hazles sentir que compartes sus valores y gustos, que comprendes su espíritu, y caerán bajo tu hechizo.

La rama del árbol se encorva fácilmente si la doblas poco a poco, / y se rompe si la tuerces poniendo a contribución todo tu vigor. / Aprovechando el curso del agua, pasarás el río, / y como te empeñes en nadar contra la corriente, te verás arrastrado por ella. / Con habilidad y dulzura se doman los tigres y leones de Numidia, / y paso a paso se somete el toro al yugo del arado. [...] / Cede a la que te resista; / cediendo cantarás victoria.
OVIDIO, El arte de amar

Un discurso arrebatador y aplaudido es con frecuencia menos sugestivo, porque confiesa la intención de serlo. Los interlocutores actúan los unos sobre los otros, de muy cerca, por el timbre de voz, la mirada, la fisonomía, los pases magnéticos, los gestos, y no sólo por el lenguaje. Se dice con razón de un buen

conversador que es un encantador en el sentido mágico.
GABRIEL TARDE,
La opinión y la multitud,
citado en SERGE
MOSCOVICI, *La era de las multitudes*

Muestra seguridad y dominio de ti mismo ante la adversidad. La adversidad y los reveses brindan en realidad las condiciones perfectas para el encantamiento. Exhibir un aspecto tranquilo y sereno frente a lo desagradable relaja a los demás. Nunca te lamentes, nunca te quejes, nunca intentes justificarte.

Vuélvete útil. Si la ejerces con sutileza, tu capacidad para mejorar la vida de los demás será endiabladamente seductora. Tus habilidades sociales resultarán importantes en este caso: crear una amplia red de aliados te dará la fuerza necesaria para vincular a las personas entre sí, lo que les hará sentir que conocerte les facilita la existencia. Esto es algo que nadie puede resistir. La continuidad es la clave. Cualquiera puede prometer algo; lo que te distingue, y te vuelve encantador, es tu capacidad para cumplir, para honrar tu promesa con una acción firme.

Símbolo: El espejo. Tu espíritu sostiene un espejo ante los demás. Cuando te ven, se ven: sus valores, gustos, aun defectos. Su eterno amor por su imagen es cómodo e hipnótico: foméntalo. Nadie ve más allá del espejo.

El carismático

El carisma es
una presencia que nos excita. Procede de una cualidad interior —seguridad, energía sexual, determinación, placidez— que la mayoría de la
gente no tiene y desea. Esta cualidad resplandece, e impregna los gestos de los carismáticos, haciéndolos parecer extraordinarios y superiores e induciéndonos a imaginar que son
más grandes de lo que parecen: dioses, santos, estrellas. Ellos aprenden a aumentar
su carisma con una mirada penetrante,
una oratoria apasionada y un aire de
misterio. Pueden seducir a gran
escala. Crea la ilusión carismática irradiando fuerza,
aunque sin involu-
crarte.

CARISMA Y SEDUCCIÓN

Por "carisma" se entiende una cualidad extraordinaria de una persona, sin importar si esa cualidad es real, supuesta o presunta. De ahí que "Autoridad carismática" aluda a un régimen sobre hombres, ya sea predominantemente externo o interno, al que los gobernados se someten a causa de su creencia en una cualidad extraordinaria de la persona específica.
MAX WEBER, *Ensayos de sociología contemporánea*, edición de HANS GERTH y C. WRIGHT MILLS

El carisma es seducción en un plano masivo. Los carismáticos hacen que las multitudes se enamoren de ellos, y luego las conducen. Ese proceso de enamoramiento es simple y sigue un camino similar al de la seducción entre dos personas. Los carismáticos tienen ciertas cualidades muy atractivas y que los distinguen. Podrían ser su creencia en sí mismos, su osadía, su serenidad. Mantienen en el misterio la fuente de estas cualidades. No explican de dónde procede su seguridad o satisfacción, pero todos a su lado la sienten: resplandece, sin una impresión de esfuerzo consciente. El rostro del carismático suele estar animado, y lleno de energía, deseo, alerta: como el aspecto de un amante, instantáneamente atractivo, incluso vagamente sexual. Seguimos con gusto a los carismáticos porque nos agrada ser guiados, en particular por personas que ofrecen aventura o prosperidad. Nos perdemos en su causa, nos apegamos emocionalmente a ellas, nos sentimos más vivos creyendo en ellas: nos enamoramos.

El carisma explota la sexualidad reprimida, crea una carga erótica. Sin embargo, esta palabra no es de origen sexual, sino religioso, y la religión sigue profundamente incrustada en el carisma moderno.

Hace miles de años, la gente creía en dioses y espíritus, pero muy pocos podían decir que hubieran presenciado un milagro, una demostración física del poder divino. Sin embargo, un hombre que parecía poseído por un espíritu divino —y que hablaba en lenguas, arrebatos de éxtasis, expresión de intensas visiones— sobresalía como alguien a quien los dioses habían elegido. Y este hombre, sacerdote o profeta, obtenía enorme poder sobre los demás. La mayoría de las grandes religiones

Ese hombre imponente ejerce una fascinación en mí que no puedo explicarme ni siquiera yo mismo, y en tal grado que, aunque no temo a Dios ni al diablo, cuando estoy en su presencia me pongo a temblar como un niño, y él

fueron fundadas por un carismático, una persona que exhibía físicamente las señales del favor de Dios.

Hoy, de cualquier persona con presencia, que llame la atención al entrar a una sala, se dice que posee carisma. Pero aun estos géneros menos exaltados de carismáticos muestran un indicio de la cualidad sugerida por el significado original de la palabra. Su carisma es misterioso e inexplicable, nunca obvio. Poseen una seguridad inusual. Tienen un don —facilidad de palabra, a menudo— que los distingue de la muchedumbre. Expresan una visión.

El carisma debe parecer místico, pero esto no significa que no puedas aprender ciertos trucos para aumentar el que ya posees, o que den la impresión exterior de que lo tienes. Las siguientes son las cualidades básicas que te ayudarán a crear la ilusión de carisma:

Propósito. Si la gente cree que tienes un plan, que sabes adónde vas, te seguirá instintivamente. La dirección no importa: elige una causa, un ideal, una visión, y demuestra que no te desvías de tu meta. La gente imaginará que tu seguridad procede de algo real.

Misterio. El misterio se sitúa en el corazón del carisma, pero se trata de una clase particular: un misterio expresado por la contradicción. El carismático puede ser tanto proletario como aristócrata (Mao Tse-tung), excitable y glacialmente indiferente (Charles de Gaulle), íntimo y distante (Sigmund Freud). Dado que la mayoría de las personas son predecibles, el efecto de estas contradicciones es devastadoramente carismático. Te vuelven difícil de entender, añaden riqueza a tu carácter, hacen que la gente hable de ti. Muestra tu misterio gradualmente, y se correrá la voz. También debes

podría hacerme pasar por el ojo de una aguja para arrojarme al fuego.
GENERAL VANDAMME, sobre Napoleón Bonaparte

[Las masas] nunca han ansiado la verdad. Demandan ilusiones, y no pueden vivir sin ellas. Dan sin cesar precedencia a lo irreal sobre lo real; son casi tan profundamente influidas por lo falso como por lo verdadero. Tienen una tendencia evidente a no distinguir entre ambas cosas.
SIGMUND FREUD, Obras completas, VOLUMEN XVIII

Carisma genuino significa entonces la capacidad para generar internamente y expresar externamente extrema emoción, capacidad que convierte a alguien en objeto de atención intensa e imitación irreflexiva de los demás.
LIAH GREENFELD

mantener a la gente a prudente distancia, para evitar que te comprenda.

Santidad. La mayoría de nosotros transigimos constantemente para sobrevivir; los santos no. Ellos deben vivir sus ideales sin preocuparse por las consecuencias. El efecto piadoso confiere carisma.

La santidad va más allá de la religión: políticos tan dispares como George Washington y Lenin se hicieron fama de santos por vivir con sencillez, pese a su poder: ajustando su vida personal a sus valores políticos. Ambos fueron prácticamente divinizados al morir. La clave es tener ciertos valores muy arraigados; esta parte no puede fingirse, al menos no sin correr el riesgo de acusaciones de charlatanería que destruirán tu carisma a largo plazo. El siguiente paso es demostrar, con la mayor sencillez y sutileza posibles, que practicas lo que predicas.

Elocuencia. Un carismático depende del poder de las palabras. La razón es simple: las palabras son la vía más rápida para crear perturbación emocional. Pueden exaltar, elevar, enojar sin hacer referencia a nada real. La elocuencia puede aprenderse. Franklin Delano Roosevelt, un tipo tranquilo y patricio, podía convertirse en un orador dinámico, a causa tanto de su estilo de expresión oral, lento e hipnótico, como de su brillante uso de imágenes, aliteraciones y retórica bíblica. El estilo lento y serio suele ser más eficaz a la larga que la pasión, porque es más sutilmente fascinante, y menos fatigoso.

Teatralidad. Un carismático es exuberante, tiene una presencia fuerte. Los actores han estudiado esta presencia desde hace siglos; saben cómo pararse en un escenario atestado y llamar la atención. Sorpresivamente, no es el actor que más grita o gesticula el que mejor ejerce esta magia, sino el que guarda la calma, irradiando seguridad en sí mismo. El efecto se arruina si se hace demasiado esfuerzo.

Desinhibición. La mayoría de las personas están reprimidas, y tienen poco acceso a su inconsciente, problema que crea oportunidades para el carismático, quien puede volverse una suerte de pantalla en que los demás proyecten sus fantasías y deseos secretos. Primero tendrás que demostrar que eres menos inhibido que tu público: que irradias una sexualidad peligrosa, no temes a la muerte, eres deliciosamente espontáneo. Aun un indicio de estas cualidades hará pensar a la gente que eres más poderoso de lo que en verdad eres.

Fervor. Debes creer en algo, y con tal firmeza que anime todos tus gestos y encienda tu mirada. Un prerrequisito de la creencia ardiente es una gran causa que junte a las personas, una cruzada. Conviértete en el punto de confluencia del descontento de la gente, y muestra que no compartes ninguna de las dudas que infestan a los seres humanos normales. La gente está cada vez más aislada, y ansía experiencias colectivas. Permite que tu ferviente y contagiosa fe, en prácticamente todo, le dé algo en qué creer.

Vulnerabilidad. Los carismáticos exhiben necesidad de amor y afecto. Están abiertos a su público, y de hecho se nutren de su energía; el público es electrizado a su vez por el carismático, y la corriente aumenta al ir y venir. Como el carisma implica sentimientos parecidos al amor, por tu parte debes revelar tu amor a tus seguidores. Imagina a tu público como una persona a la que tratas de seducir: nada más seductor para la gente que sentirse deseada.

Audacia. Los carismáticos no son convencionales. Tienen un aire de aventura y riesgo que atrae a los aburridos. Sé desfachatado y valiente en tus actos; que te vean corriendo riesgos por el bien de los otros. Muestra heroísmo para conseguir carisma de por vida. A la inversa, el menor signo de cobardía o timidez arruinará el carisma que tengas.

Magnetismo. Si un atributo físico es crucial para la seducción son los ojos. Revelan excitación, tensión, desapego, sin palabras de por medio. El comportamiento de los carismáticos puede ser desenvuelto y sereno, pero sus ojos son magnéticos; tienen una mirada penetrante que perturba las emociones de sus objetivos, ejerciendo fuerza sin palabras ni actos. Los ojos del carismático nunca indican temor ni nervios.

> **Símbolo:** *El foco. Sin que el ojo la vea, una corriente que fluye por un alambre en un recipiente de vidrio genera un calor que se vuelve incandescencia. Todo lo que vemos es la luz. En la oscuridad reinante, el foco ilumina el camino.*

La estrella

*La vida diaria es dura, y casi todos
buscamos incesantemente huir de ella en sueños
y fantasías. Las estrellas aprovechan esta debilidad; al distinguirse de los demás por su atractivo
y característico estilo, nos empujan a mirarlas. Al
mismo tiempo, son vagas y etéreas, guardan su
distancia y nos dejan imaginar más de lo que existe. Su irrealidad actúa en nuestro inconsciente; ni
siquiera sabemos cuánto las imitamos. Aprende a
ser objeto de fascinación proyectando la brillante
y escurridiza presencia de la estrella.*

CLAVES DE PERSONALIDAD

El rostro frío y brillante que nunca pedía nada, que simplemente existía, a la espera: era un rostro vacío, pensó él; un rostro que podía cambiar con cualquier aire de expresión. Uno podía ensoñar cualquier cosa en él. Era como una hermosa casa vacía que aguardara tapetes y cuadros. Tenía todas las posibilidades: podía convertirse en un palacio o un burdel. Todo dependía de quien lo llenara. ¡Qué estrecho era, en comparación, todo lo ya terminado y rotulado!
ERICH MARIA REMARQUE
sobre Marlene Dietrich, en Arco de triunfo

La seducción es una forma de persuasión que busca eludir la conciencia, incitando en cambio a la mente inconsciente. La razón de esto es simple: estamos rodeados de tantos estímulos que compiten por nuestra atención, bombardeándonos con mensajes obvios, y de tantas personas con intereses abiertamente políticos y manipuladores, que rara vez nos encantan o engañan. Nos hemos vuelto crecientemente cínicos. Trata de persuadir a una persona apelando a su conciencia, diciendo lo que quieres, mostrando todas tus cartas, ¿y qué esperanza te queda? Serás sólo una irritación más por eliminar.

Para evitar esta suerte, debes aprender el arte de la insinuación, de llegar al inconsciente. La expresión más vívida del inconsciente es el sueño, el cual se relaciona intrincadamente con el mito; al despertar de un sueño, con frecuencia permanecen en nosotros sus imágenes y mensajes ambiguos. Los sueños nos obsesionan porque combinan realidad e irrealidad. Están repletos de personajes reales, y suelen tratarse de situaciones reales, pero son maravillosamente irracionales, llevando la realidad al extremo del delirio.

Los gestos, las palabras, el ser mismo de hombres como Kennedy o Andy Warhol, por ejemplo, evocan algo tanto real como irreal: quizá no nos demos cuenta de ello (y cómo podríamos hacerlo, en verdad), pero estos individuos son como figuras oníricas para nosotros. Tienen cualidades que los anclan en la realidad —sinceridad, picardía, sensualidad—, pero al mismo tiempo su distancia, su superioridad, su casi surrealismo los hacen parecer como salidos de una película.

Este tipo de personas tienen un efecto inquietante y obsesivo en nosotros. En público o en privado, nos

seducen, y hacen que deseemos poseerlas, tanto física como psicológicamente. Pero ¿cómo podemos poseer
a una persona emergida de un sueño, o a una estrella de
cine o de la política, o incluso a un encantador real, como
un Warhol, que podría cruzarse en nuestro camino? Incapaces de tenerlos, nos obsesionamos con ellos: nos
persiguen en nuestras ideas, nuestros sueños, nuestras
fantasías. Los imitamos inconscientemente. Éste es el
insidioso poder seductor de una estrella, un poder del
que puedes apropiarte convirtiéndote en un código, una
mezcla de lo real y lo irreal. La mayoría de las personas
es extremadamente banal; es decir, demasiado real. Tú
debes hacerte etéreo. Que tus palabras y actos parezcan proceder de tu inconsciente, tener cierta soltura.
Te contendrás, pero ocasionalmente revelarás un rasgo
que hará preguntarse a la gente si en verdad te conoce.

La estrella es una creación del cine moderno. Y lo que
permitió al cine fabricar a la estrella fue el *close-up*,
que separa de pronto a los actores de su contexto, llenando tu mente con su imagen. Nunca olvides esto
mientras te forjas como estrella. Primero, debes tener
una presencia tan desbordante que llene la mente de tu
objetivo como un *close-up* llena la pantalla. Debes poseer un estilo o presencia que te distinga de los demás.
Sé vago e irreal, pero no distante ni ausente: no se trata
de que las personas no puedan contemplarte ni recor-
darte. Tienen que verte en su mente cuando no estás
con ellas.

Segundo, cultiva un rostro inexpresivo y misterioso, el centro que irradia tu estelaridad. Esto le permitirá a la gente ver en ti lo que quiere, imaginar que puede
advertir tu carácter, y aun tu alma. En vez de indicar
estados anímicos y emociones, en vez de emocionar o
exaltar, la estrella despierta interpretaciones.

[John F.] Kennedy
llevó a los noticiarios
de la televisión y el
fotoperiodismo los
componentes más
frecuentes del mundo
del cine: la calidad de
la estrella y la historia
mítica. Con su apariencia
telegénica, su habilidad
para la autopresentación,
sus fantasías heroicas y
su inteligencia creativa,
Kennedy estaba
brillantemente preparado
para proyectar una
personalidad imponente en
la pantalla. Se apropió de
los discursos de la cultura
de masas, en especial de
Hollywood, y los transfirió
a las noticias. Mediante
esta estrategia, hizo que
las noticias parecieran
sueños y películas, terreno
en el que las imágenes
presentaban escenarios
acordes con los más
profundos anhelos del
espectador. [...] Sin haber

*aparecido nunca en una
película de verdad, sino
convirtiendo el aparato de
televisión en su pantalla,
él fue la mayor estrella de
cine del siglo xx.*
JOHN HELLMANN, *The
Kennedy Obsession:
The American Myth of* JFK

Una estrella debe sobresalir, y esto puede implicar cierta vena dramática. A veces, incluso puede crearse un efecto más inquietante e irreal con toques sutiles: tu manera de fumar, una inflexión de la voz, un modo de andar. A menudo son las pequeñas cosas las que impresionan a la gente, y la llevan a imitarte. Aunque la mente consciente apenas puede registrar esos matices, subliminalmente éstos pueden ser tan atractivos como un objeto de forma llamativa o color raro. Inconscientemente nos atraen cosas que no tienen ningún significado más allá de su apariencia fascinante.

Las estrellas hacen que queramos saber más de ellas. Debes aprender a despertar la curiosidad de la gente dejándola vislumbrar algo de tu vida privada —las causas por las que luchas, la persona de la que estás enamorado (por el momento)—, algo que parezca revelar un elemento de tu personalidad. Déjala fantasear e imaginar.

Otra forma en que las estrellas seducen es haciendo que nos identifiquemos con ellas, lo cual nos concede un estremecimiento vicario. La clave es representar un tipo, así como Jimmy Stewart representaba al estadunidense promedio y Cary Grant al aristócrata impasible. La gente de tu tipo gravitará hacia ti, se identificará contigo, compartirá tu alegría o tristeza. La atracción debe ser inconsciente, y no han de transmitirla tus palabras sino tu pose, tu actitud.

Eres un actor. Y los actores más eficaces tienen una distancia interior consigo: pueden moldear su presencia física como si la percibieran desde afuera. Esa distancia interior nos fascina. Las estrellas se burlan de sí mismas, ajustan siempre su imagen, la adaptan a los tiempos.

Nada es más risible que una imagen que estuvo de moda hace diez años pero que ya no lo está. Las estrellas deben renovar constantemente su lustre, o enfrentarán la peor de las suertes posibles: el olvido.

El salvaje adora ídolos de madera y piedra; el hombre civilizado, ídolos de carne y hueso.
GEORGE BERNARD SHAW

Símbolo: *El ído-
lo. Una piedra talla-
da hasta formar un dios,
quizá fulgurante de joyas y
oro. Los ojos de los fieles le
dan vida, imaginándola con
poderes reales. Su forma les
permite ver lo que quieren —un
dios—, pero sólo es una piedra.
El dios vive en su imaginación.*

Parte II

El proceso de la seducción

La mayoría de nosotros comprendemos que ciertos actos de nuestra parte tendrán un efecto grato y seductor en la persona a la que deseamos seducir. El problema es que, por lo general, estamos demasiado absortos en nosotros mismos: pensamos más en lo que queremos de otras personas que en lo que ellas podrían querer de nosotros. Quizá a veces hacemos algo seductor, pero a menudo proseguimos con un acto egoísta o agresivo (tenemos prisa por lograr lo que deseamos); o, sin saberlo, mostramos un lado mezquino y banal, desvaneciendo así las ilusiones o fantasías que una persona podría tener de nosotros. Nuestros intentos de seducción no suelen durar lo suficiente para surtir efecto.

No seducirás a nadie dependiendo sólo de tu cautivadora personalidad, o haciendo ocasionalmente algo noble o atractivo. La seducción es un proceso que ocurre en el tiempo: cuanto más tardes y más lento avances en él, más hondo llegarás en la mente de tu víctima.

Los veinticuatro capítulos de esta sección te armarán con una serie de tácticas que te ayudarán a salir de ti y a entrar en la mente de tu víctima, para que puedas tocarla como si fuera un instrumento.

Estos capítulos siguen un orden flexible, que va del contacto inicial con tu víctima a la exitosa conclusión de la seducción. Dado que las ideas de la gente tienden a girar en torno a sus preocupaciones e inseguridades diarias, no podrás proceder a seducirla hasta adormecer poco a poco sus ansiedades y llenar su distraída mente con ideas de ti. Los primeros capítulos te ayudarán a conseguir eso. En las relaciones es natural que las personas se familiaricen tanto entre sí que la aburrición y el estancamiento aparezcan. Debes sorprender constantemente a tus víctimas, agitar las cosas, sacudirlas incluso. Los capítulos intermedios y finales te instruirán en el arte de alternar esperanza y desesperación, placer y dolor, hasta que tus víctimas se debiliten y sucumban.

Vence a toda costa la tentación de apresurar el clímax de la seducción, o de improvisar. En esa circunstancia, no serías seductor, sino egoísta. En la vida diaria todo es prisa e improvisación, y tú debes ofrecer algo diferente. Si te tomas tu tiempo y respetas el proceso de la seducción, no sólo quebrarás la resistencia de tu víctima, sino que también la enamorarás.

1

Elige la víctima correcta

*Todo depende del
objetivo de tu seducción. Estudia
detalladamente a tu presa, y elige sólo las
que serán susceptibles a tus encantos. Las víctimas correctas son aquellas en las que puedes llenar
un vacío, las que ven en ti algo exótico. A menudo están
aisladas o son al menos un tanto infelices (a causa tal
vez de recientes circunstancias adversas), o se les puede
llevar con facilidad a ese punto, porque la persona totalmente satisfecha es casi imposible de seducir. La víctima
perfecta posee alguna cualidad innata que te atrae. Las
intensas emociones que esta cualidad inspira contri-
buirán a hacer que tus maniobras de seducción
parezcan más naturales y dinámicas. La
víctima perfecta da lugar a la caza
perfecta.*

CLAVES PARA LA SEDUCCIÓN

Nos pasamos la vida teniendo que convencer a personas, teniendo que seducirlas. Algunas de ellas estarán relativamente abiertas a nuestra influencia, así sea sólo en formas sutiles, mientras que otras parecerán impermeables a nuestros encantos. Tal vez creamos que esto es un misterio fuera de nuestro control, pero ése es un modo ineficaz de enfrentar la vida. Los seductores prefieren seleccionar sus posibilidades. Tanto como sea posible, persiguen a gente que delata alguna vulnerabilidad a ellos, y evitan a la que no pueden emocionar. Dejar en paz a quienes son inaccesibles a ti es una senda sensata; no puedes seducir a todos. Por otra parte, busca activamente a la presa que reaccione de la manera correcta. Esto volverá mucho más placenteras y satisfactorias tus seducciones.

¿Cómo puedes reconocer a tus víctimas? Por la forma en que reaccionan a ti. No prestes mucha atención a sus reacciones conscientes; es probable que una persona que trata obviamente de agradarte o encantarte juegue con tu vanidad, y quiera algo de ti. En cambio, pon mayor atención a las reacciones fuera del control consciente: un sonrojo, un reflejo involuntario de algún gesto tuyo, un recato inusual, tal vez un destello de ira o rencor. Todo esto indica que ejerces efecto en una persona que está abierta a tu influencia.

También puedes reconocer a tus objetivos correctos por el efecto que ellos tienen en ti. Quizá te ponen intranquilo; tal vez corresponden a un arraigado ideal de tu infancia, o representan algún tipo de tabú personal que te excita. El hecho de que una persona ejerza tan profundo efecto en ti transforma todas tus maniobras posteriores. Tu intenso deseo contagiará a tu objetivo, y le brindará la peligrosa sensación de tener poder sobre ti.

Jamás te arrojes a los ansiosos brazos de la primera persona a la que parezcas agradar. Esto no es seducción, sino inseguridad. La necesidad que tira de ti producirá una relación de baja calidad, y el interés en ambos lados decaerá. Fíjate en los tipos de víctimas que no has considerado hasta ahora; ahí es donde encontrarás desafío y aventura.

Aunque la víctima perfecta para ti depende de ti mismo, ciertos tipos se prestan a una seducción más satisfactoria. Igual que a una persona feliz, también es difícil seducir a una persona que no tiene imaginación. La gente exteriormente distante o tímida suele ser un objetivo mejor que la extrovertida. Se muere por ser comunicativa.

Los individuos con mucho tiempo en sus manos son extremadamente susceptibles a la seducción. Tienen abundante espacio mental para ser llenado por ti. Por otro lado, evita generalmente a personas preocupadas por sus negocios o trabajo; la seducción requiere atención, y las personas muy ocupadas te ofrecen poco espacio mental por llenar.

Tus víctimas perfectas suelen ser las personas que creen que posees algo que ellas no, y se mostrarán encantadas de que se lo brindes. Quizás esas víctimas tengan un temperamento completamente opuesto al tuyo, y esta diferencia creará una tensión emocionante.

Recuerda: la víctima perfecta es la persona que te incita en una forma que no puede explicarse con palabras. Sé más creativo al elegir a tu presa, y se te recompensará con una seducción más excitante.

Es un golpe de suerte encontrar a alguien que valga la pena seducir. [...] La mayoría de la gente se precipita, se compromete o hace otras tonterías, y en un instante todo ha terminado y no sabe qué ganó ni qué perdió.
SØREN KIERKEGAARD,
Diario de un seductor

Pues ¿quién tan firme que no pueda ser seducido?
WILLIAM SHAKESPEARE,
Julio César

Símbolo: La
caza mayor. Los leones
son peligrosos; atraparlos es
conocer el escalofrío del riesgo.
Los leopardos son listos y rápidos, y
brindan la emoción de una caza ardua.
Jamás te precipites a la caza. Conoce a
tu presa, y elígela con cuidado. No pierdas tiempo en la caza menor: los conejos
que caen en la trampa, el visón preso en
el cepo perfumado. Desafío es placer.

2

Crea una falsa sensación de seguridad: acércate indirectamente

Si al principio eres demasiado directo, corres el riesgo de causar una resistencia que nunca cederá. Al comenzar, no debe haber nada seductor en tu actitud. La seducción ha de iniciarse desde un ángulo, indirectamente, para que el objetivo se percate de ti en forma gradual. Ronda la periferia de la vida de tu blanco: aproxímate a través de un tercero, o finge cultivar una relación en cierto modo neutral, pasando poco a poco de amigo a amante. Trama un encuentro "casual", como si tu blanco y tú estuvieran destinados a conocerse; nada es más seductor que una sensación de destino. Haz que el objetivo se sienta seguro, y luego ataca.

CLAVES PARA LA SEDUCCIÓN

Muchas suspiran por el placer que huye / y aborrecen al que se les brinda; / insta con menos fervor / y dejarás de parecerle inoportuno. / No siempre han de delatar tus agasajos la esperanza / del triunfo; en ocasiones conviene que el amor / se insinúe disfrazado con el nombre de amistad. / He visto más de una mujer intratable sucumbir / a esta prueba, y al que antes era / su amigo convertirse por fin en su amante.

OVIDIO, *El arte de amar*

Lo que buscas como seductor es la capacidad de dirigir a los demás a donde tú quieres. Pero este juego es peligroso; en cuanto ellos sospechen que actúan bajo tu influencia, te guardarán rencor. Somos criaturas que no soportan sentir que obedecen a una voluntad ajena. Si tus objetivos lo descubrieran, tarde o temprano se volverán contra ti. Pero ¿y si pudieras lograr que hagan lo que quieres sin darse cuenta? ¿Si creyeran estar al mando? Éste es el poder del método indirecto, y ningún seductor puede obrar su magia sin él.

El primer paso por dominar es simple: una vez que hayas elegido a la persona correcta, debes hacer que el objetivo venga a ti. Si en etapas iniciales logras hacerle creer que es él quien realiza el primer acercamiento, has ganado el juego. No habrá rencor, contrarreacción perversa ni paranoia.

Conseguir que tu objetivo venga a ti implica concederle espacio. Esto puede alcanzarse de varias maneras. Puedes rondar la periferia de su existencia, para que te vea en diferentes lugares sin que te acerques nunca a él. De esta forma llamarás su atención; y si él quiere atravesar el puente, tendrá que llegar hasta ti. Puedes jugar al gato y al ratón con él, primero pareciendo interesado y retrocediendo después, para incitarlo activamente a que te siga a tu telaraña. Hagas lo que hagas y cualquiera que sea el tipo de seducción que practiques, evita a toda costa la tendencia natural a hostigar a tu blanco. No cometas el error de creer que perderá interés a menos que lo presiones, o que un torrente de atención le agradará. Demasiada atención prematura en realidad sólo sugerirá inseguridad, y despertará dudas sobre tus motivos. Peor todavía, no dará a tu objetivo margen para imaginar. Da un paso atrás; permite que las ideas que suscitas lleguen a él como si fueran propias.

En las etapas iniciales de la seducción debes hallar la manera de aplacar toda sensación de desconfianza que la otra persona pueda experimentar. (Sentir temor y peligro puede agudizar más tarde la seducción; pero si provocas esas sensaciones en las primeras etapas, lo más probable es que ahuyentes a tu víctima.) Con frecuencia, la mejor manera de parecer inofensivo y concederte margen de maniobra es establecer una amistad, acercándote cada vez más pero manteniendo siempre la distancia adecuada con amistades del sexo opuesto. Tus conversaciones amistosas con tu objetivo te darán valiosa información sobre su carácter, gustos, debilidades, los anhelos infantiles que rigen su comportamiento adulto. Además, al pasar tiempo con tu blanco, puedes hacer que se sienta a gusto contigo. Creyendo que sólo te interesan sus ideas, su compañía, moderará su resistencia, disipando la usual tensión entre los sexos.

Entonces será vulnerable, porque tu amistad habrá abierto la puerta dorada a su cuerpo: su mente. Llegado ese punto, todo comentario casual, todo leve contacto físico incitará una idea distinta, que lo tomará por sorpresa: quizá podría haber algo entre ustedes. Una vez motivada esa sensación, tu objetivo se preguntará por qué no has dado el paso, y tomará la iniciativa, disfrutando de la ilusión de que es quien está al mando. No hay nada más efectivo en la seducción que hacer creer seductor al seducido.

Por la calle, jamás le dirijo la palabra: cambio un saludo con ella y nada más. Con seguridad, nuestros frecuentes encuentros le habrán llamado la atención; quizá ahora comienza a advertir la nueva estrella que ha aparecido en su horizonte y que gravita en la órbita de su vida con fuerza subversiva, pero no tiene la menor idea de las leyes del movimiento. [...] Antes de iniciar o de preparar mi ataque, es preciso que tenga un perfecto conocimiento de su carácter.
SØREN KIERKEGAARD, Diario de un seductor

Prefiero oír a mi perro ladrar a un grajo que a un hombre jurar que me adora.
BEATRIZ, en WILLIAM SHAKESPEARE, Mucho ruido y pocas nueces

Símbolo: *La telaraña. La araña busca un rincón inocuo donde tejer su tela. Cuanto más tarda, más fabulosa es su construcción, pero pocos lo notan: sus tenues hilos son casi invisibles. La araña no tiene que cazar para comer; ni siquiera moverse. Se posa en silencio en una esquina, esperando a que sus víctimas lleguen solas y caigan en su red.*

3
Emite señales contradictorias

Una vez que la gente percibe tu presencia,
y que, incluso, se siente vagamente intrigada por
ella, debes fomentar su interés antes de que lo dirija
a otro. Lo obvio y llamativo puede atraer su atención al
principio, pero esa sensación suele ser efímera; a la larga,
la ambigüedad es mucho más potente. La mayoría somos demasiado obvios; tú sé difícil de entender. Emite señales contradictorias: duras y suaves, espirituales y terrenales, astutas
e inocentes. Una mezcla de cualidades sugiere profundidad,
lo que fascina tanto como confunde. Un aura elusiva
y enigmática hará que la gente quiera saber más, y
esto la atraerá a tu círculo. Crea esa fuerza sugi-
riendo que hay algo contradictorio en ti.

CLAVES PARA LA SEDUCCIÓN

La idea de que dos elementos distintos se combinan en la sonrisa de Mona Lisa se les ha ocurrido a varios críticos. En consecuencia, hallan en la expresión de la bella florentina la representación más perfecta de los contrastes que dominan la vida erótica de las mujeres: el contraste entre reserva y seducción, y entre la ternura más fervorosa y una sensualidad implacablemente demandante, que consume a los hombres como si fueran seres extraños.
SIGMUND FREUD,
Un recuerdo infantil de Leonardo da Vinci

La seducción no avanzará nunca a menos que puedas atraer y mantener la atención de tu víctima, convirtiendo tu presencia física en una obsesiva presencia mental. En realidad es muy fácil crear esa primera incitación: una tentadora forma de vestir, una mirada sugestiva, algo extremoso en ti. ¿Pero qué pasa después? Nuestra mente recibe un bombardeo de imágenes, no sólo de los medios de información, sino también del desorden de la vida diaria. Y muchas de esas imágenes son muy llamativas. Tú pasas a ser entonces apenas una cosa más que clama atención; tu atractivo se acabará a menos que actives una clase de hechizo más durarero que haga que la gente piense en ti en tu ausencia. Esto significa cautivar su imaginación, haciéndole creer que en ti hay más de lo que ve. Una vez que la gente empiece a adornar tu imagen con sus fantasías, estará atrapada.

Esto debe hacerse pronto, antes de que tus objetivos sepan demasiado y se fijen las impresiones sobre ti. Debería ocurrir en cuanto ellos te ponen los ojos encima. Al emitir señales contradictorias en ese primer encuentro, creas cierta sorpresa, una ligera tensión; pareces ser algo (inocente, desenvuelto, intelectual, ingenioso), pero lanzas también un destello de algo más (diabólico, tímido, espontáneo, triste). Mantén la sutileza: si la segunda cualidad es demasiado fuerte, parecerás esquizofrénico. Pero haz que la gente se pregunte por qué eres tímido o triste bajo tu desenvuelto ingenio intelectual, y conseguirás su atención. Dale una ambigüedad que le haga ver lo que quiere, atrapa su imaginación con algunos atisbos voyeuristas de tu alma oscura.

Para captar y mantener la atención, debes mostrar atributos que vayan contra tu apariencia, lo que producirá profundidad y misterio. Si tienes una cara dulce y un aire inocente, emite indicios de algo oscuro, e incluso vagamente cruel, en tu carácter. Esto no debe anunciarse en tus palabras, sino en tu actitud. No te preocupes si esta cualidad oculta es negativa, como peligro, crueldad o amoralidad; la gente se sentirá atraída por el enigma de todas maneras, y es raro que la bondad pura sea seductora. Recuerda: nadie es misterioso por naturaleza, al menos no por mucho tiempo; el misterio es algo en lo que tienes que trabajar, una estratagema de tu parte, y algo que debe usarse pronto en la seducción.

Jugar con los roles de género es una suerte de paradoja enigmática con una larga historia en la seducción. Los mayores donjuanes han tenido siempre un toque de lindura y feminidad, y las cortesanas más atractivas una veta masculina. Sin embargo, esta estrategia sólo es eficaz cuando la cualidad oculta se sugiere apenas; si la mezcla es demasiado obvia o llamativa, parecerá extraña, y aun amenazadora.

Una potente variación sobre este tema es la mezcla de vehemencia física y frialdad emocional. Dandys como Beau Brummell y Andy Warhol combinan una apariencia física imponente con una especie de frialdad en la actitud, una distancia de todo y de todos. Son al mismo tiempo incitantes y elusivos, y la gente se pasa la vida persiguiendo a hombres como ésos, tratando de destruir su inasibilidad. (El poder de las personas aparentemente inasibles es sumamente seductor; queremos ser quien las derribe.) Individuos así se envuelven asimismo en la ambigüedad y el misterio, ya sea por hablar muy poco o por hacerlo sólo de temas superficiales, lo que deja ver una hondura de carácter imposible de alcanzar.

Quizá seas célebre por una cualidad particular, que viene de inmediato a la mente cuando los demás te ven.

Es un hecho universal que la atracción sexual aumenta con cierto grado de ambivalencia. El hombre cien por ciento masculino suele ser algo ridículo antes que devastador. Japón, en particular, tiene una tradición de ídolos más bien afeminados. El galán joven en los dramas románticos del teatro kabuki suele ser un muchacho pálido y esbelto que invita la protección maternal. La atracción de la ambivalencia parece seguir siendo allá tan fuerte como antes. Según una encuesta reciente en una revista para mujeres, las dos "estrellas más sexys" de 1981 fueron Tamasaburo, actor de kabuki especializado en papeles femeninos, y Sawada Kenji, cantante pop a quien le gusta presentarse como semitravesti, más femenino que masculino.
IAN BURUMA,
Behind the Mask

Mantendrás mejor su atención si sugieres que detrás de esa fama acecha otra cualidad. Nadie ha tenido fama más mala y pecaminosa que Lord Byron. Lo que enloquecía a las mujeres era que detrás de su aspecto un tanto frío y desdeñoso, intuían que en realidad era muy romántico, e incluso espiritual. Byron exageraba esto con su aire melancólico y ocasionales buenas obras. Paralizadas y confundidas, muchas mujeres creían poder ser quien lo recuperara para la bondad, lo convirtiera en amante fiel. Una vez que una mujer abrigaba esa idea, estaba totalmente bajo su hechizo. No es difícil crear ese efecto seductor. Si se te conoce como eminentemente racional, por decir algo, insinúa algo irracional.

Estos principios tienen aplicaciones más allá de la seducción sexual. Para mantener la atención de un grupo amplio, para seducirlo y que sólo piense en ti, debes diversificar tus señales. Exhibe demasiado una cualidad —aun si es noble, como conocimiento o eficiencia— y la gente sentirá que no eres lo bastante humano. Todos somos complejos y ambiguos, estamos llenos de impulsos contradictorios; si tú muestras sólo uno de tus lados, aun si es tu lado bueno, irritarás a la gente. Sospechará que eres hipócrita. Una superficie brillante puede tener encanto decorativo, pero lo que te hace voltear a ver un cuadro es la profundidad de campo, una ambigüedad inexpresable, una complejidad surreal.

Símbolo: *El telón. En el escenario, sus pesados pliegues rojo subido atraen tu mirada con su hipnótica superficie. Pero lo que en verdad te atrae y fascina es lo que crees que ocurre detrás: la luz que asoma, la sugestión de un secreto, algo por suceder. Sientes el estremecimiento de un voyeur a punto de ver una función.*

4

Aparenta ser un objeto de deseo: forma triángulos

Pocos se sienten atraídos por una persona que otros evitan o relegan; la gente se congrega en torno a los que despiertan interés. Queremos lo que otros quieren. Para atraer más a tus víctimas y provocarles el ansia de poseerte, debes crear un aura de deseabilidad: de ser requerido y cortejado por muchos. Será para ellos cuestión de vanidad volverse el objeto preferido de tu atención, conquistarte sobre una multitud de admiradores. Crea la ilusión de popularidad rodeándote de personas del sexo opuesto: amigos, examantes, pretendientes. Forma triángulos que estimulen la rivalidad y aumenten tu valor. Hazte de una fama que te preceda: si muchos han sucumbido a tus encantos, debe haber una razón.

CLAVES PARA LA SEDUCCIÓN

Las más de la veces preferimos una cosa a otra porque aquélla es la que ya prefieren nuestros amigos o porque ese objeto posee marcada importancia social. Los adultos, cuando tienen hambre, son como los niños, en cuanto que buscan los alimentos que otros consumen. En sus asuntos amorosos, buscan al hombre o mujer que otros juzgan atractivo, y abandonan a aquellos a quienes no se les persigue. Cuando decimos que un hombre o mujer es deseable, lo que realmente queremos decir es que otros lo desean. Y no porque tenga una cualidad particular, sino porque se ajusta a un modelo en boga en ese momento.
SERGE MOSCOVICI, *La era de las multitudes*

Obrará enormemente a tu favor entretener a la dama que persigues con un recuento del número de mujeres que están enamoradas de ti, y de las decididas insinuaciones que te han hecho; porque

Somos animales sociales, y los gustos y deseos de otras personas ejercen inmensa influencia en nosotros. Imagina una reunión muy concurrida. Ves a un hombre solo, con quien nadie platica ni por error, y que vaga de un lado a otro sin compañía; ¿no hay en él una especie de aislamiento autoinfligido? ¿Por qué está solo, por qué se le evita? Tiene que haber una razón. Hasta que alguien se compadezca de ese hombre e inicie una conversación con él, parecerá indeseado e indeseable. Pero allá, en otro rincón, una mujer está rodeada de gran número de personas. Ríen de sus comentarios, y al hacerlo, otros se suman al grupo, atraídos por su regocijo. Cuando ella cambia de lugar, la gente la sigue. Su rostro resplandece a causa de la atención que recibe. Tiene que haber una razón.

En ambos casos, desde luego, en realidad no tiene que haber una razón en absoluto. Es posible que el hombre desdeñado posea cualidades encantadoras, suponiendo que alguna vez hablaras con él; pero es más probable que no lo hagas. La deseabilidad es una ilusión social. Su fuente es menos lo que dices o haces, o cualquier clase de jactancia o autopromoción, que la sensación de que otras personas te desean. Para convertir el interés de tus objetivos en algo más profundo, en deseo, debes hacer que te vean como una persona a la que aprecian y codician. Haz que la gente compita por tu atención, que te vea como alguien a quien todos persiguen. El aura de deseabilidad te envolverá.

Tus admiradores pueden ser amigos, y aun pretendientes. Llamémosle el efecto harén. Paulina Bonaparte, hermana de Napoléon, aumentaba su valor a ojos de los hombres teniendo siempre un grupo de admiradores a su alrededor en bailes y fiestas. Si daba un paseo, nunca lo hacía con un solo hombre, siempre con dos o tres. Quizás eran simplemente amigos, o incluso piezas decorativas y satélites; su vista bastaba para sugerir que ella era valorada y deseada, una mujer por la que valía la pena pelear. Andy Warhol también se rodeaba de la gente más glamurosa e interesante posible. Formar parte de su círculo íntimo significaba ser deseable también. Colocándose en el centro pero manteniéndose ajeno a todo, él hacía que todos compitieran por su atención. Conteniéndose, incitaba en los demás el deseo de poseerlo.

Prácticas como éstas no sólo estimulan deseos competitivos; apuntan a la principal debilidad de la gente: su vanidad y autoestima. Soportamos sentir que otra persona tiene más talento o dinero, pero la sensación de que un rival es más deseable que nosotros resulta insufrible. A principios del siglo XVIII, el duque de Richelieu, un gran libertino, logró seducir a una joven algo religiosa pero cuyo esposo, que era un idiota, se ausentaba con frecuencia. Luego procedió a seducir a su vecina del piso de arriba, una viuda joven. Cuando ambas descubrieron que él pasaba de una a otra en la misma noche, se lo reclamaron. Un hombre de menor valía habría huido, pero no el duque; él conocía la dinámica de la vanidad y el deseo. Ninguna de esas mujeres quería sentir que prefería a la otra. Así, concertó un pequeño *ménage à trois*, sabiendo que entonces pelearían entre ellas por ser la favorita. Cuando la vanidad de la gente está en riesgo, puedes lograr que haga lo que tú quieras. Según Stendhal, si te interesa una mujer, corteja a su hermana. Eso provocará un deseo triangular.

Tu fama —tu ilustre pasado como seductor— es una manera eficaz de crear un aura de deseabilidad. Las mu-

esto no sólo demostrará que eres uno de los grandes favoritos de las damas, y un hombre de auténtico honor, sino que también la convencerá de que ella podría recibir la distinción de ser incluida en la misma lista, y de ser elogiada de la misma manera, en presencia de tus demás amigas. Esto le deleitará en alto grado.
LOLA MONTEZ, *Artes y secretos de la belleza, con indicaciones a los caballeros sobre el arte de fascinar*

Es enfadoso que a nuestro nuevo conocido le agrade el muchacho. Pero ¿no son las mejores cosas de la vida gratis para cualquiera? El sol sale para todos. La luna, acompañada de incontables estrellas, guía aun a las bestias a la pastura. ¿En qué puedes pensar que sea más adorable que el agua? Pero ella corre por el mundo entero. ¿Es sólo el amor, entonces, algo furtivo, más que algo en lo cual gloriarse? Exacto, eso es: no deseo ninguna de las buenas cosas de la vida a menos que la gente la envidie.

PETRONIO, *Satiricón*

jeres se echaban a los pies de Errol Flynn no por su cara bonita, y menos aún por sus habilidades actorales, sino por su reputación. Sabían que otras lo habían encontrado irresistible. Una vez que estableció esa fama, Flynn no tuvo que continuar persiguiendo mujeres: ellas llegaban a él. Aun si tu fama no es tan tentadora, debes hallar la manera de sugerir a tu víctima que otros, muchos otros, te juzgan deseable. Esto es tranquilizador. No hay nada como un restaurante lleno de mesas vacías para convencerte de no entrar.

Una variación de la estrategia del triángulo es el uso de los contrastes: la cuidadosa explotación de personas insulsas o poco atractivas puede favorecer tu deseabilidad en comparación. En una ocasión social, por ejemplo, cerciórate de que tu blanco charle con la persona más aburrida entre las presentes. Llega a su rescate y le deleitará verte. Para hacer uso de contrastes, desarrolla y despliega los atractivos atributos (humor, vivacidad, etcétera) que más escasean en tu grupo social, o elige un grupo en que tus cualidades naturales sean raras, y fulgurarán.

El uso de contrastes tiene vastas ramificaciones políticas, porque una figura política también debe seducir y parecer deseable. Aprende a acentuar las cualidades de las que tus rivales carecen. En la contienda presidencial estadunidense de 1980, la falta de resolución de Jimmy Carter hizo que la determinación de Ronald Reagan pareciera deseable. Los contrastes son eminentemente seductores porque no dependen de tus palabras ni de la autopromoción. La gente los percibe de modo inconsciente, y ve lo que quiere ver.

Por último, aparentar ser deseado por otros aumentará tu valor, pero a menudo también tu comportamiento influirá en ello. No permitas que tus blancos te vean muy seguido; mantén tu distancia, parece inasible, fuera de su alcance. Un objeto raro y difícil de obtener suele ser más preciado.

Símbolo: *El trofeo. Quieres ganarlo y lo crees valioso porque ves a los demás competidores. Algunos querrían, por bondad, premiar a todos por su esfuerzo, pero el trofeo perdería su valor. Debe representar no sólo tu victoria, sino también la derrota de los demás.*

5

Engendra una necesidad: provoca ansiedad y descontento

*Una persona com-
pletamente satisfecha no puede
ser seducida. Tienes que infundir tensión
y disonancia en la mente de tus objetivos. Suscita en ellos sensaciones de descontento, disgusto
con sus circunstancias y ellos mismos: su vida carece
de aventura, se han apartado de sus ideales de juventud, se han vuelto aburridos. Las sensaciones de insuficiencia que crees te brindarán la oportunidad de insi-
nuarte, de hacer que te vean como la solución a sus
problemas. Angustia y ansiedad son los precurso-
res apropiados del placer. Aprende a inven-
tar la necesidad que tú puedes saciar.*

CLAVES PARA LA SEDUCCIÓN

El dios hizo la separación, y la hizo lo mismo que cuando se cortan huevos para salarlos, o como cuando con un cabello se los divide en dos partes iguales; y cada mitad hacía esfuerzos para encontrar la otra mitad de que había sido separada. [...] De aquí procede el amor que tenemos naturalmente los unos a los otros; él nos recuerda nuestra naturaleza primitiva y hace esfuerzos para reunir las dos mitades y para restablecernos en nuestra antigua perfección.
Discurso de ARISTÓFANES en *El banquete* de PLATÓN

Nadie se enamora si, aunque sea parcialmente, está satisfecho de lo que tiene o de lo que es. El enamoramiento surge de la sobrecarga depresiva y esto es una imposibilidad de encontrar algo que tenga valor en la existencia cotidiana. El "síntoma" de la predisposición al enamoramiento no es el deseo consciente de enamorarse, de enriquecer lo existente, sino el sentido

Todos usamos una máscara en sociedad; fingimos ser más seguros de lo que somos. No queremos que los demás se asomen a ese ser desconfiado en nosotros. Nuestro ego y personalidad son mucho más frágiles de lo que parecen; encubren sentimientos de confusión y vacío. Como seductor, nunca confundas la apariencia de una persona con la realidad. La gente siempre es susceptible de ser seducida, porque de hecho todos carecemos de la sensación de plenitud, sentimos que en el fondo algo nos falta. Saca a la superficie las dudas y ansiedades de la gente y podrás conducirla e inducirla a seguirte.

Nadie podrá verte como alguien por seguir o de quien enamorarse si no reflexiona en sí mismo, y en lo que le falta. Para que la seducción pueda darse, debes poner un espejo frente a los demás en el que vislumbren su vacío interior. Conscientes de una carencia, podrán entonces concentrarse en ti como la persona capaz de llenar ese vacío. Recuerda: la mayoría somos perezosos. Aliviar nuestra sensación de aburrimiento o insuficiencia implica mucho esfuerzo; dejar que alguien lo haga es más fácil y emocionante. El deseo de que alguien llene nuestro vacío es la debilidad que todos los seductores aprovechan. Haz que la gente se sienta ansiosa por el futuro, que se deprima, que cuestione su identidad, que sienta el tedio que corroe su vida. El terreno está listo. Las semillas de la seducción pueden ser sembradas.

Tu tarea como seductor es producir una herida en tu víctima, orientándote a su punto débil, la grieta en su autoestima. Si ella está estancada, haz que lo sienta más hondo, aludiendo "inocentemente" al asunto y hablando de él. Lo que necesitas es una inseguridad que puedas extender poco a poco, una ansiedad cuyo alivio ideal sea relacionarse con otra persona, es decir tú. Tu víctima debe sentir esa herida para poder enamorarse. En tu papel de seductor, intenta ubicarte como procedente de fuera, un extraño, por así decirlo. Representas el cambio, la diferencia, un quiebre de rutinas, el señuelo de lo exótico. Haz sentir a tus víctimas que, en comparación, su vida es aburrida, y sus amigos menos interesantes de lo que creían. Recuerda: la gente prefiere sentir que si su vida carece de interés, no es por ella, sino por sus circunstancias, las personas insípidas que conoce, la ciudad donde nació. Una vez que le hagas sentir el atractivo de lo exótico, la seducción será fácil.

Otra área endiabladamente seductora por atacar es el pasado de la víctima. Crecer es renunciar o comprometer los ideales juveniles, volverse menos espontáneo, menos vivo de alguna manera. Esta certeza yace dormida en todos nosotros. Como seductor, debes sacarla a la superficie, dejar claro cuánto se ha apartado la gente de sus metas e ideales pasados. Muéstrate a tu vez como representante de ese ideal, quien brinda la oportunidad de recuperar la juventud perdida mediante la aventura de la seducción. A la vejez siempre le seduce la juventud; pero, primero, la gente joven debe tener claro qué les falta a los mayores, cómo han perdido sus ideales. Sólo entonces estos últimos sentirán que la presencia de los jóvenes habrá de permitirles recuperar esa chispa, el espíritu rebelde que la edad y la sociedad han conspirado por reprimir.

Este concepto tiene infinitas aplicaciones. Las empresas y los políticos saben que no pueden seducir a la gente para que compre o haga lo que ellos quieren a menos que antes despierten una sensación de necesidad o descontento. Vuelve inseguras de su identidad a las masas y podrás contribuir a definirla por ellas. Esto es

profundo de no ser o de no tener nada que valga y la vergüenza de no tenerlo. [...] Por eso el enamoramiento es más frecuente en los jóvenes, porque son muy inseguros, no tienen certidumbre de valer y a menudo se avergüenzan de sí mismos. Y lo mismo vale en otras edades de la vida cuando se pierde algo de nuestro ser: al final de la juventud, o bien cuando se acerca la vejez.
FRANCESCO ALBERONI, *Enamoramiento y amor*

Deseo y amor tienen por objeto cosas o cualidades que un hombre no posee de momento, sino de las que carece.
SÓCRATES, citado en *El banquete* de PLATÓN

El ritmo normal de la vida oscila en general entre una moderada satisfacción con uno mismo y una leve incomodidad, originada en el conocimiento de las deficiencias personales.

tan cierto de grupos y naciones como de individuos: no es posible seducirlos sin hacerles sentir una carencia.

Parte de la estrategia electoral de John F. Kennedy en 1960 consistió en provocar insatisfacción en los estadunidenses por la década de 1950, y por el grado en que el país se había alejado de sus ideales. Al hablar de los años cincuenta, Kennedy no mencionaba la estabilidad económica de la nación ni su surgimiento como superpotencia. En cambio, daba a entender que ese periodo estaba marcado por la conformidad, la falta de riesgo y aventura, la pérdida de los valores pioneros. Votar por Kennedy era embarcarse en una aventura colectiva, regresar a los ideales abandonados. Pero para que alguien se uniera a su cruzada, era preciso volverlo consciente de cuánto había perdido, de lo que le faltaba. Un grupo, como un individuo, puede estancarse en la rutina, y perder de vista sus metas originales. Demasiada prosperidad le resta fuerza. Tú puedes seducir a una nación entera apuntando a su inseguridad colectiva, esa sensación latente de que nada es lo que parece. Causar insatisfacción con el presente y recordar a un pueblo su glorioso pasado puede alterar su sentido de identidad. Podrás ser entonces quien la redefina: grandiosa seducción.

Símbolo: *La flecha de Cupido. Lo que despierta deseo en el seducido no es un toque suave o una sensación grata: es una herida. La flecha produce pena, dolor, necesidad de alivio. Para que haya deseo debe haber pena. Dirige la flecha al punto débil de la víctima, y causa una herida que puedes abrir y reabrir.*

6

Domina el arte
de la insinuación

Hacer que tus
objetivos se sientan insatisfechos y en
necesidad de tu atención es esencial; pero si eres
demasiado obvio, entreverán tu intención y se pondrán
a la defensiva. Sin embargo, aún no se conoce defensa
contra la insinuación, el arte de sembrar ideas en la
mente de los demás soltando alusiones escurri-
dizas que echen raíces días después, hasta
hacerles parecer a ellos que son
ideas propias. La insinuación es
el medio supremo para in-
fluir en la gente. Crea un
sublenguaje —afirmacio-
nes atrevidas seguidas
por retractaciones y disculpas, comentarios ambiguos,
charla banal combinada con miradas tentadoras— que entre en el inconsciente de tu blanco para transmitirle tu
verdadera intención. Vuelve todo sugerente.

CLAVES PARA LA SEDUCCIÓN

Lo que distingue a la sugestión de otro tipo de influencia psíquica, como una orden o la transmisión de una noticia o instrucción, es que en el caso de la sugestión se estimula en la mente de otra persona una idea cuyo origen no se examina, sino que se acepta como si hubiera brotado en forma espontánea en esa mente.
SIGMUND FREUD

Es imposible que pases por la vida sin tratar de convencer a la gente de algo, en una forma u otra. Sigue la ruta directa, diciendo exactamente lo que quieres, y tu honestidad quizá te hará sentir bien, pero es probable que no llegues a ninguna parte. La gente tiene sus propias ideas, solidificadas por la costumbre; tus palabras, al entrar en su mente, compiten con miles de nociones preconcebidas ya ahí, y no van a ningún lado. Aparte, la gente resentirá tu intento de convencerla, como si fuera incapaz de decidir por sí misma, y tú el único listo. Considera en cambio el poder de la insinuación y la sugerencia. Esto requiere un poco de arte y paciencia, pero los resultados bien valen la pena.

La forma en que opera la insinuación es simple: disfrazada en medio de un comentario o encuentro banal, se suelta una indirecta. Ésta debe referirse a un tema emocional: un posible placer no obtenido aún, falta de animación en la vida de una persona. La indirecta es registrada en el fondo de la mente del objetivo, puñalada sutil a sus inseguridades; la fuente de la alusión se olvida pronto. Es demasido sutil para ser memorable en el momento; y después, cuando ha echado raíces y crecido, parece haber surgido en forma natural en la mente del objetivo, como si hubiera estado ahí desde siempre. La insinuación permite evitar la resistencia natural de la gente, porque ésta parece escuchar sólo lo que se origina en ella. Es un lenguaje en sí misma, que se comunica de modo directo con el inconsciente. Ningún seductor, ningún inducidor, puede esperar tener éxito sin dominar el lenguaje y arte de la insinuación.

Para sembrar una idea seductora debes cultivar la imaginación de las personas, sus fantasías, sus más profundos anhelos. Lo que pone en marcha el mecanismo es sugerir cosas que la gente quiere oír: otra posibilidad de placer, riqueza, salud, aventura. Al final, esas buenas cosas resultan ser justo lo que tú pareces ofrecerle. Ella te buscará como por iniciativa propia, sin saber si tú inoculaste la idea en su cabeza.

Lapsus linguae, comentarios aparentemente inadvertidos para "consultar con la almohada", referencias tentadoras, afirmaciones de las que te disculpas al instante: todo esto posee inmenso poder de insinuación. Cala tan hondo en la gente como un veneno, y cobra vida por sí solo. La clave para triunfar con tus insinuaciones es hacerlas cuando tus objetivos están relajados o distraídos, para que no sepan qué ocurre. Las bromas corteses son a menudo una fachada perfecta para esto; los demás piensan en lo que dirán después, o están absortos en sus ideas. Tus insinuaciones apenas si serán registradas, que es justo lo que quieres.

En la seducción, como aconsejaba la cortesana francesa Ninon de l'Enclos, es mejor no verbalizar el amor por la otra persona. Que tu blanco lo perciba en tu actitud. Tu silencio tendrá más poder de insinuación que tu voz.

No sólo las palabras insinúan; presta atención a miradas y gestos. El contacto físico leve insinúa deseo, como lo hace un tono de voz inusualmente cordial, ambos por momentos muy breves. El rostro habla un idioma propio. Solemos tratar de interpretar el rostro de las personas, a menudo un mejor indicador de sus sentimientos que sus palabras, fáciles de controlar. Como la gente interpreta siempre tus miradas, úsalas para transmitir las señales insinuantes de tu elección: una mirada fugaz pero memorable, por ejemplo.

Por último, la causa de que la insinuación dé tan buenos resultados no es sólo que evita la resistencia natural

Las miradas son la artillería pesada del coqueteo: todo puede transmitirse en una mirada, pero ésta siempre puede negarse, porque es imposible citarla palabra por palabra.
STENDHAL, citado en RICHARD DAVENPORT-HINES, ed., *Vice: An Anthology*

de la gente. También es el lenguaje del placer. Hay muy poco misterio en el mundo; demasiadas personas dicen exactamente lo que sienten o quieren. Ansiamos algo enigmático, algo que alimente nuestras fantasías. Dada la falta de sugerencia y ambigüedad en la vida diaria, quien las usa repentinamente parece poseer algo tentador y lleno de presagios. Éste es una especie de juego incitante: ¿qué trama esa persona? Indirectas, sugerencias e insinuaciones crean una atmósfera seductora, que indica que la víctima no participa ya de las rutinas de la vida diaria, sino que ha entrado a otra esfera.

Símbolo: *La semi-*
lla. La tierra se prepara con
ahínco. Las semillas se siembran
con meses de anticipación. Una vez
en el suelo, nadie sabe qué mano las
arrojó ahí. Forman parte del terreno.
Oculta tus manipulaciones sem-
brando semillas que echen
raíces por sí solas.

7

Penetra su espíritu

Casi
todas las perso-
nas se encierran en su mundo,
lo que las hace obstinadas y difíciles de
convencer. El modo de sacarlas de su concha
e iniciar tu seducción es penetrar su espíritu. Juega
según sus reglas, gusta de lo que gustan, adáptate a su
estado de ánimo. Halagarás así su arraigado narcisismo, y
reducirás sus defensas. Hipnotizadas por la imagen especular
que les presentas, se abrirán, y serán vulnerables a tu sutil
influencia. Pronto podrás cambiar la dinámica: una vez
que hayas penetrado su espíritu, puedes hacer que
ellas penetren el tuyo, cuando sea demasiado tar-
de para dar marcha atrás. Cede a cada an-
tojo y capricho de tus blancos, para
no darles motivo de reaccio-
nar o resistirse.

CLAVES PARA LA SEDUCCIÓN

Si tienes verdadero empeño en conservar tus relaciones, / persuádela de que estás hechizado por su hermosura. / ¿Se cubre con el manto de Tiro?; alaba la púrpura de Tiro. / ¿Viste los finos tejidos de Cos?; / afirma que las telas de Cos le sientan de maravilla. [...] Admira / sus brazos en la danza, y su voz / cuando cante, y así que termine, / duélete de que haya acabado tan pronto. / Admitido en su tálamo, podrás venerar lo que / constituye tu dicha y expresar a voces las sensaciones / que te embargan, y aunque sea más fiera / que la espantosa Medusa, se convertirá / en dulce y tierna para su amante. Ten exquisita / cautela en que tus palabras no le parezcan fingidas / y el semblante contradiga tus razones; / aprovecha ocultar el artificio, que una vez descubierto / llena de rubor, y con justicia destruye por siempre la confianza.
OVIDIO, *El arte de amar*

Una de nuestras mayores fuentes de frustración es la obstinación de los demás. ¡Qué difícil entenderse con ellos, hacerles ver las cosas a nuestra manera! Con frecuencia tenemos la impresión de que cuando parecen escucharnos, y armonizar con nosotros, todo es superficial: en cuanto nos vamos, ellos retornan a sus ideas. Nos pasamos la vida dándonos de topes con la gente, como si fuera un muro de piedra. Pero en lugar de quejarte de que no te comprenden o incluso te ignoran, por qué no cambias de técnica: en vez de juzgar a los demás como rencorosos o indiferentes, en lugar de tratar de entender por qué actúan así, velos con los ojos del seductor. La manera de hacer que la gente abandone su natural terquedad y obsesión consigo misma es penetrar su espíritu.

Todos somos narcisistas. De niños nuestro narcisismo era físico: nos interesaba nuestra imagen, nuestro cuerpo, como si fuera un ser distinto. Cuando crecemos, nuestro narcisismo se hace más psicológico: nos abstraemos en nuestros gustos, opiniones, experiencias. Una concha dura se forma a nuestro alrededor. Paradójicamente, el modo de sacar a la gente de su concha es parecérsele, ser de hecho una suerte de imagen especular de ella. No tienes que pasar días estudiando su mente; sólo ajústate a su ánimo, adáptate a sus gustos, acepta todo lo que te dé. Al hacerlo, reducirás su defensividad natural. Su autoestima no se sentirá amenazada por tu diferencia ni tus hábitos distintos. La gente se ama mucho a sí misma, pero lo que más le agrada es ver sus gustos e ideas reflejados en otra persona. Esto le confiere validez. Su usual inseguridad desaparece. Hipnotizada por su imagen especular, se relaja. Tú podrás hacerla salir poco a poco.

La diferencia entre los sexos es lo que hace posible el amor y la seducción, pero también implica un elemento de temor y desconfianza. Una mujer puede temer la agresión y violencia masculinas; un hombre suele ser incapaz de penetrar el espíritu de una mujer, y por lo tanto no cesa de ser extraño y amenazador. Los mayores seductores de la historia crecieron rodeados de mujeres y poseían un dejo de feminidad. El filósofo Søren Kierkegaard recomienda pasar más tiempo con el sexo opuesto, a fin de conocer al "enemigo" y sus debilidades, para que puedas usar ese conocimiento en tu favor.

De todas las tácticas de seducción, penetrar el espíritu de alguien es quizá la más diabólica. Da a tus víctimas la impresión de que te seducen. El hecho de que cedas ante ellas, las imites, penetres su espíritu, sugiere que estás bajo su hechizo. No eres un seductor peligroso del cual precaverse, sino alguien obediente e inofensivo. La atención que les prestas es embriagadora: como eres su reflejo, todo lo que ven y oyen en ti reproduce su ego y sus gustos. ¡Qué halago para su vanidad! Todo esto prepara la seducción, la serie de maniobras que alterarán radicalmente la dinámica. Una vez depuestas sus defensas, ellas estarán abiertas a tu influencia sutil. Pronto empezarás a adueñarte del baile; y sin notar siquiera el cambio, ellas se descubrirán penetrando *tu* espíritu.

Las mujeres sólo se sienten a gusto con quienes corren el riesgo de penetrar su espíritu.
NINON DE L'ENCLOS

Este deseo de un doble del otro sexo que se parezca por completo a nosotros sin dejar de ser otro, de una criatura mágica que sea nuestro propio ser aunque con la ventaja, sobre todas nuestras imaginaciones, de una existencia autónoma. [...] Hallamos huellas de esto aun en las más banales circunstancias del amor. [...] Todas las grandes, implacables pasiones amorosas se relacionan con el hecho de que un ser imagina ver su más secreto yo espiándolo tras la cortina de los ojos del otro.
ROBERT MUSIL, citado en DENIS DE ROUGEMONT, *Los mitos del amor*

Símbolo: *El espejo del cazador. La alondra es un ave suculenta, pero difícil de atrapar. En el campo, el cazador pone un espejo en una área. La alondra desciende frente a él, avanza y retrocede, extasiada por su imagen en movimiento, y por la imitativa danza nupcial que ve ejecutarse ante sus ojos. Hipnotizada, pierde todo contacto con su entorno, hasta que la red del cazador la atrapa contra el espejo.*

8

Crea tentación

Haz caer al objetivo en tu seducción creando la tentación
adecuada: un destello de los placeres por venir. Así como
la serpiente tentó a Eva con la promesa del conocimiento prohibido, tú debes despertar en tus objetivos un
deseo que no puedan controlar. Busca su debilidad, esa fantasía aún por conseguir, y da a entender que puedes alcanzarla. Podría ser riqueza, podría ser aventura, podrían ser
placeres prohibidos y vergonzosos; la clave
es que todo sea vago. Pon el premio ante sus
ojos, aplazando la satisfacción, y que su mente
haga el resto. El futuro parecerá pletórico de posibilidades. Estimula una curiosidad más intensa que las dudas y ansiedades que la acompañan, y ellos te seguirán.

CLAVES PARA LA SEDUCCIÓN

Tú, la gran seductora,
Oportunidad.
JOHN DRYDEN

DON JUAN: *Aminta, escucha*
y sabrás, / si quieres que te
lo diga, / la verdad, que las
mujeres / sois de verdades
amigas. / Yo soy noble
caballero, / cabeza de la
familia / de los Tenorios,
antiguos / ganadores de
Sevilla. / Mi padre, después
del rey, / se reverencia y
estima. / [...] Corriendo
el camino acaso, / llegué
a verte, que amor guía /
tal vez las cosas de suerte
/ que él mismo dellas se
olvida. [...]
• AMINTA: *No sé qué diga,*
/ que se encubren tus
verdades / con retóricas
mentiras. / Porque si estoy
desposada, / como es cosa
conocida, / con Batricio,
el matrimonio / no se
absuelve aunque él desista.
• DON JUAN: *En no siendo*
consumado, / por engaño
o por malicia / puede
anularse. [...]
• AMINTA: *Jura a Dios que*
te maldiga / si no cumples.
[...]

En la mayoría de los casos, la gente se esfuerza por mantener su seguridad y una sensación de equilibrio en su vida. Si saliera en pos de cada nueva persona o fantasía que pasa a su lado, no podría sobrevivir a la brega diaria. Usualmente ve coronados sus esfuerzos, pero lograrlo no es fácil. El mundo está lleno de tentaciones. La gente lee de personas que tienen más que ella, de aventuras de otros, de individuos que han hallado la riqueza y la felicidad. La seguridad por la que pugna, y que parece tener, es en realidad una ilusión. Encubre una tensión constante.

Como seductor, nunca confundas la apariencia con la realidad. Sabes que la lucha de las personas por mantener un orden en su vida es agotadora, y que las corroe la duda y el rencor. Es difícil ser bueno y virtuoso, siempre teniendo que reprimir los más fuertes deseos. Con eso en mente, la seducción es más fácil. Lo que los demás quieren no es tentación; la tentación es cosa de todos los días. Lo que desean es ceder a la tentación, darse por vencidos. Ésa es la única manera en que pueden librarse de la tensión que existe en su vida. Cuesta mucho más trabajo resistirse a la tentación que rendirse a ella.

Tu tarea, entonces, es crear una tentación que sea más intensa que la variedad cotidiana. Debe centrarse en los demás, apuntar a ellos como individuos, a su debilidad. Entiende: todos tenemos una debilidad dominante, de la que se deriva el resto. Halla esa inseguridad infantil, esa carencia en la vida de la gente, y tendrás la clave para tentarla. Su debilidad puede ser la codicia, la vanidad, el aburrimiento, un deseo reprimido a conciencia, el ansia de un fruto prohibido. Las personas dejan ver eso en pequeños detalles que escapan a su control consciente: su manera de vestir, un comentario casual. Su pasado, y en especial sus romances, estarán llenos de pistas. Tiéntalas con ardor, en forma ajustada a su debilidad, y harás que la esperanza de placer que despiertes en ellas figure más prominentemente que las dudas y ansiedades que la acompañan.

Un niño tiene poca fuerza para resistirse. Lo quiere todo ya, y es raro que piense en las consecuencias. En todos nosotros acecha un niño: un placer que se nos negó, un deseo reprimido. Toca esa fibra en otros, tiéntalos con el juguete adecuado (aventura, dinero, diversión), y abandonarán su normal sensatez adulta. Identifica su debilidad a partir de cualquier conducta infantil que revelen en la vida diaria: ésa es la punta del iceberg.

Recuerda describir vagamente los beneficios futuros y ponerlos relativamente fuera del alcance. Sé demasiado específico y decepcionarás; pon la promesa demasiado a la mano y no podrás aplazar lo suficiente su satisfacción para obtener lo que deseas.

La tentación es un proceso doble. Primero eres coqueto, galante; estimulas deseo prometiendo placer y distracción de la vida diaria. Al mismo tiempo, dejas en claro a tus objetivos que no pueden hacerte suyo, al menos no en ese momento. Estableces una barrera, una especie de tensión. Las barreras y tensiones de la tentación están ahí para impedir que la gente ceda fácil o superficialmente. Debes hacer que luche, resista, se muestre ansiosa.

Antes era fácil crear esas barreras, aprovechando obstáculos sociales prexistentes: de clase, raza, matrimonio, religión. Hoy las barreras deben ser más psicológicas: tu corazón pertenece a otro; el objetivo en realidad no te interesa; un secreto te detiene; no es el momento; no eres digno de la otra persona; la otra persona no

• DON JUAN: ¡Ay, Aminta de mis ojos! / Mañana sobre virillas / de tersa plata estrellada / con clavos de oro de Tíbar, / pondrás los hermosos pies, / y en prisión de gargantillas / la alabastrina garganta, / y los dedos en sortijas, / en cuyo engaste parezcan / trasparentes perlas finas.
• AMINTA: Tuya soy.
TIRSO DE MOLINA, *El burlador de Sevilla*

es digna de ti, etcétera. A la inversa, podrías elegir a alguien con una barrera implícita: pertenece a otro, no debe quererte.

Estas barreras son más sutiles que las de la variedad social o religiosa, pero barreras al fin, y la psicología sigue siendo la misma. A la gente le excita perversamente lo que no puede o no debe tener. Crea este conflicto interior —hay excitación e interés, pero eres inaccesible— y la tendrás en pos de lo que no puede alcanzar. Y cuanto más logres que tus objetivos te persigan, más imaginarán ser ellos los agresores. Tu seducción tendrá el disfraz perfecto.

Por último, las tentaciones más fuertes suelen implicar tabús psicológicos y frutos prohibidos. Busca un deseo secreto que haga a tu víctima retorcerse incómoda si das con él, pero que la tentará más todavía. Indaga en su pasado; lo que parezca temer o rehuir tal vez sea la clave. Podría tratarse de un anhelo de figura materna o paterna, o un deseo homosexual latente. Quizá tú puedes satisfacer ese deseo presentándote como una mujer masculina o un hombre femenino. Con otros haz de Lolita, o de Papi, alguien que se supone que no pueden hacer suyo, el lado oscuro de su personalidad. Luego están los masoquistas, quienes desean en secreto un poco de dolor. Siempre podrás tentarlos pareciendo difícil, desafiante, aun un tanto cruel. La asociación debe ser vaga; tienes que lograr que los demás persigan algo elusivo, algo salido de su propia mente.

Símbolo: *La man-*
zana del Jardín del Edén. El
fruto es incitante, y se supone que
no debes comerlo: está prohibido.
Pero justo por eso piensas día y noche
en él. Lo ves, pero no puedes hacer-
lo tuyo. La única forma de librar-
te de la tentación es rendir-
te y probarlo.

La única manera de
librarse de la tentación es
rendirse a ella.
—OSCAR WILDE

9

Mantenlos en suspenso: ¿qué sigue?

En cuanto la gente cree saber qué puede esperar de ti, tu hechizo ha terminado. Más todavía: le has cedido poder. La única manera de adelantarse al seducido y mantener esa ventaja es generar suspenso, una sorpresa calculada. La gente adora el misterio, y ésta es la clave para atraerla aún más a tu telaraña. Actúa de tal forma que no deje de preguntarse qué tramas. Hacer algo que los demás no esperan de ti les procurará una deliciosa sensación de espontaneidad: no podrán saber qué sigue. Tú estás siempre un paso adelante y al mando. Estremece a la víctima con un cambio súbito de dirección.

CLAVES PARA LA SEDUCCIÓN

Cuento con tomar [al pueblo francés] por sorpresa. Un acto arrojado trastorna la ecuanimidad de la gente, que se aturde ante una gran novedad.
NAPOLEÓN BONAPARTE, citado en EMIL LUDWIG, *Napoleón*

Un niño puede ser una criatura terca y obstinada que hará deliberadamente lo contrario de lo que le pedimos. Pero hay un escenario en que los niños renunciarán con gusto a su usual terquedad: cuando se les promete una sorpresa. Podría ser un regalo oculto en una caja, un juego de final imprevisible, un viaje con destino desconocido, una historia de suspenso de desenlace inesperado. En el momento en que los niños aguardan una sorpresa, su voluntad se detiene. Se someterán a ti mientras exhibas una posibilidad ante ellos. Este hábito infantil está muy arraigado en nosotros, y es la fuente de un placer humano elemental: el de ser llevado por una persona que sabe adónde va, y que nos guía en un viaje. (Quizás este gusto por ser conducidos implique un recuerdo oculto de ser literalmente guiados, por uno de nuestros padres, cuando éramos chicos.)

Sentimos un estremecimiento similar cuando vemos una película o leemos un thriller: estamos en manos de un director o autor que nos conduce, guiándonos por vuelcos y giros. Permanecemos sentados, volvemos las páginas, felizmente esclavizados por el suspenso. Éste es el placer que una mujer experimenta al ser llevada por un bailarín experto, librándose de toda defensividad que pueda sentir y dejando que la otra persona haga el trabajo. Enamorarse implica expectación: estamos a punto de seguir un rumbo nuevo, iniciar una nueva vida, en la que todo será extraño. El seducido quiere que lo lleven, que lo conduzcan como a un niño. Si eres predecible, el encanto termina; la vida diaria lo es. Tus objetivos no deben saber nunca qué sigue, qué sorpresas les tienes reservadas. Como los niños, su voluntad se paralizará mientras los tengas intrigados.

Hay muchas clases de sorpresas calculadas que puedes dar a tus víctimas: enviar una carta sin motivo aparente, presentarte en forma inesperada, llevarlas a un lugar donde nunca han estado. Pero las mejores son las sorpresas que revelan algo nuevo en tu carácter. Esto debe prepararse. En las primeras semanas, tus blancos tenderán a hacer juicios precipitados sobre ti, con base en tus apariencias. Quizá te consideren algo tímido, práctico, puritano. Tú sabes que ése no es tu verdadero yo, sino la forma en que actúas en circunstancias sociales. Sin embargo, déjalos tener esa impresión, y de hecho acentúala un poco, sin exagerar: por ejemplo, semeja ser un tanto más reservado que de costumbre. Así tendrás margen para sorprenderlos con un acto audaz, poético y atrevido. Una vez que hayan cambiado de opinión sobre ti, sorpréndelos de nuevo. Mientras se esfuerzan por entenderte, pensarán en ti todo el tiempo.

La sorpresa engendra un momento en que la gente baja sus defensas y nuevas emociones pueden irrumpir. Si la sorpresa es grata, el veneno de la seducción entra en las venas de la gente sin que se dé cuenta. Todo suceso repentino tiene un efecto similar, pues toca directamente nuestras emociones antes de que nos ponga a la defensiva.

Además de producir una sacudida seductora, lo repentino oculta las manipulaciones. Aparece en forma inesperada, di o haz algo súbito, y la gente no tendrá tiempo de reparar en que tu acto fue calculado. Llévala a un lugar nuevo como por ocurrencia, revela de pronto un secreto. Hazla emocionalmente vulnerable, y estará demasiado apabullada para entrever tus intenciones. Todo lo que sucede en forma súbita parece natural, y todo lo que parece natural posee un encanto seductor.

Ésta es siempre la ley de lo interesante: [...] si se sabe sorprender, se gana el juego sin excepción. La energía de la persona implicada se suspende temporalmente; se le hace imposible actuar.
SØREN KIERKEGAARD, *Diario de un seductor*

Si estás expuesto a la mirada pública, aprende del truco de la sorpresa. La gente se aburre, no sólo de su vida, sino también de las sorpresas dedicadas a evitar su tedio. En cuanto crea poder predecir tu siguiente paso, te comerá vivo. El pintor Andy Warhol pasaba de una personificación a otra, y nadie podía prever la siguiente: artista, cineasta, hombre de sociedad. Ten siempre una sorpresa bajo la manga. Para preservar la atención de la gente, hazla conjeturar sin fin. Que los moralistas te acusen de insensibilidad, de no tener fondo o centro. Lo cierto es que están celosos de la libertad y desenfado que exhibes en tu personalidad pública.

Símbolo: La montaña rusa. El carro sube lentamente hasta lo alto, y de pronto te lanza al espacio, te zarandea, te vuelve la cabeza en todas direcciones. Los pasajeros ríen y gritan. Lo que les estremece es soltarse, ceder el control a otro, quien los propulsa en direcciones inesperadas. ¿Qué nueva emoción les aguarda a la vuelta de la siguiente esquina?

10

Usa el diabólico poder de las palabras para sembrar confusión

Es difí-
cil lograr que la gen-
te escuche; sus deseos y pensamientos la consumen, y no tiene tiempo
para los tuyos. El truco para que atienda es de-
cirle lo que quiere oír, llenarle los oídos con lo que le
agrada. Ésta es la esencia del lenguaje de la seducción.
Aviva las emociones de la gente con indirectas, halágala,
alivia sus inseguridades, envuélvela con fantasías, dulces
palabras y promesas, y no sólo te escuchará: perderá
el deseo de resistírsete. Da vaguedad a tu lenguaje,
para que los demás hallen en él lo que desean.
Usa la escritura para despertar fantasías
y crear un retrato idealizado de
ti mismo.

CLAVES PARA LA SEDUCCIÓN

En consecuencia, el individuo incapaz de escribir cartas y mensajes jamás será un seductor peligroso.
SØREN KIERKEGAARD,
O esto o aquello

Un hombre con lengua no es hombre, lo sé, / si con ella no conquista a una mujer.
WILLIAM SHAKESPEARE,
Los dos hidalgos de Verona

Rara vez pensamos antes de actuar. Es propio de la naturaleza humana decir lo primero que se nos viene a la cabeza, y usualmente lo primero en llegar es algo sobre nosotros mismos. Usamos las palabras para expresar antes que nada nuestros sentimientos, ideas y opiniones. (También para quejarnos y discutir.) Esto se debe a que por lo general estamos absortos en nosotros: la persona que más nos interesa somos nosotros mismos. Hasta cierto punto, esto es inevitable, y en gran parte de nuestra vida no tiene casi nada de malo; podemos operar muy bien de esta manera. Pero en la seducción, eso limita nuestro potencial.

No podrás seducir sin la capacidad de salir de tu piel y entrar en la de otra persona, penetrando su psicología. La clave del lenguaje seductor no son las palabras que dices, ni el tono de tu voz: es un cambio radical de perspectiva y hábitos. Tienes que dejar de decir lo primero que te viene a la mente; debes controlar el impulso de balbucear y dar rienda suelta a tus opiniones. La clave es ver las palabras como un instrumento no para comunicar ideas y sentimientos auténticos, sino para confundir, deleitar y embriagar.

La diferencia entre el lenguaje normal y el lenguaje seductor es como la que existe entre el ruido y la música. El ruido es una constante en la vida moderna, algo irritante que dejamos de oír si podemos. Nuestro lenguaje normal es como el ruido: la gente puede escucharnos a medias mientras hablamos de nosotros, pero casi siempre sus pensamientos estarán a millones de kilómetros de distancia. De vez en cuando escuchará cuando digamos algo de ella, pero esto sólo durará hasta que volvamos a otra historia sobre nosotros. Ya desde la infancia aprendemos a desconectarnos de este tipo de ruido (sobre todo si se trata de nuestros padres).

La música, por el contrario, es seductora, y cala en nosotros. Su fin es el placer. Una melodía o ritmo permanece en nosotros varios días después de que lo hemos oído, alterando nuestro ánimo y emociones, relajándonos o estremeciéndonos. Para hacer música en vez de ruido, debes decir cosas que complazcan: cosas que se relacionen con la vida de la gente, que toquen su vanidad. Si ella tiene muchos problemas, producirás el mismo efecto distrayéndola, desviando su atención al decir cosas ingeniosas y entretenidas, o que hagan parecer brillante y esperanzador el futuro. Promesas y halagos son música para los oídos de cualquiera. Éste es un lenguaje ideado para motivar a la gente a reducir su resistencia.

El halago es lenguaje seductor en su forma más pura. Su propósito no es expresar una verdad o un sentimiento genuino, sino únicamente producir un efecto en el receptor. Aprende a percibir las partes del ego de una persona que necesitan confirmación y apunta tus halagos directamente a esas inseguridades. Convierte esto en una sorpresa, algo que nadie más ha pensado elogiar; algo que puedas describir como un talento o cualidad positiva que los demás no hayan notado.

La forma más antiseductora del lenguaje es la discusión. ¿Cuántos enemigos ocultos nos creamos discutiendo? Hay una manera superior de hacer que la gente escuche y se convenza: el humor y un toque de ligereza. La risa y el aplauso tienen un efecto dominó: una vez que tus oyentes ríen, es más probable que vuelvan a hacerlo. Gracias a este buen humor, también son más propensos a escuchar. Un toque sutil y un poco de ironía te dan margen para convencerlos, ponerlos de tu lado,

Mi amada se inclinó por el portazo. [...] / Yo volví entonces a mis versos y cumplidos, / mis armas naturales. Las palabras dulces / rompen pesadas puertas y cadenas. Hay magia en la poesía: / su poder es capaz de abatir a la sangrienta luna, / hacer retroceder el sol, partir en dos las serpientes / o lograr que los cauces corran río arriba. / Ninguna puerta es digno rival de ese hechizo; los cerrojos / más fuertes pueden ser vencidos por él ábrete sésamo / de sus encantos. Mas la épica no me rinde servicio. / No llegaré a lado alguno con el Aquiles de pies ligeros / ni cualquiera de los hijos de Atreo. Los antiguos / como se llamen perdieron veinte años en la guerra / y el viaje, y al pobre Héctor se le arrastró en el polvo: / para nada. Prodiga en cambio palabras hermosas / al perfil de una muchacha, y tarde o temprano / ella misma se te brindará en prenda, copiosa recompensa / a

tu labor. Adiós, entonces, heroicas figuras de la leyenda; / el quid pro quo que ofrecen no me tentará. Un ramillete de bellezas / derretidas por mis amorosas canciones: eso es lo que quiero.
OVIDIO, *Amores*

burlarte de tus enemigos. Ésta es la forma seductora de discutir.

Si hablas en público, tu lenguaje seductor debe dirigirse a las emociones del público, porque las personas emocionadas son más fáciles de engañar. Todos compartimos emociones, y nadie se siente inferior ante un orador que despierta sus sentimientos. La multitud se une, contagiada por la emoción. Las emociones que intentas despertar deben ser intensas. No hables de amistad y desacuerdo; habla de amor y odio. Y es crucial que trates de sentir algunas de las emociones que intentas suscitar. Serás más creíble de esa manera.

La meta del discurso seductor suele ser generar una especie de hipnosis: distraer a las personas, bajar su defensas, hacerlas más vulnerables a la sugestión. Aprende las lecciones de repetición y afirmación del hipnotista, elementos clave para dominar a un sujeto. La afirmación se reduce a hacer enérgicos enunciados positivos, como las órdenes del hipnotista. El lenguaje seductor debe poseer una suerte de intrepidez, que encubrirá múltiples deficiencias. Tu público quedará tan atrapado por tu lenguaje intrépido que no tendrá tiempo de reflexionar si es cierto o no. Nunca digas: "No creo que la otra parte tome una buena decisión"; di: "Merecemos algo mejor", o "Han hecho un desastre". El lenguaje afirmativo es activo, está lleno de verbos, imperativos y frases cortas. Elimina los "Creo...", "Quizás...", "En mi opinión...". Ve directo al grano.

Aprende a incorporar el lenguaje seductor en tu escritura, particularmente en cartas a tu objetivo. En una carta íntima, tienes absoluto control de la dinámica, puedes mover las emociones de tus víctimas en la dirección indicada, contagiarlas de deseo. Es mejor que no emprendas tu correspondencia hasta al menos varias semanas después de tu contacto inicial. Deja que tus víctimas se formen una impresión de ti: pareces enigmático, pero no muestras ningún interés particular en ellas. Cuando sientas que piensan en ti, es momento de atacarlas con tu primera carta. Cualquier deseo que expreses por ellas será una sorpresa; su vanidad se sentirá halagada, y querrán más.

Idea tus cartas como un homenaje a tus víctimas: haz que todo lo que escribes desemboque en ellas, como si fueran lo único en que puedes pensar —un efecto delirante. Si cuentas una anécdota, relaciónala de alguna manera con ellas. Tu correspondencia es una suerte de espejo que sotienes ante tus víctimas; ellas terminarán por verse reflejadas en tu deseo.

Una carta puede sugerir emoción pareciendo desordenada, que pasa de un tema a otro. Es evidente que te cuesta trabajo pensar; tu amor te ha trastornado. Las ideas desordenadas son pensamientos excitantes. No pierdas tiempo en información objetiva: concéntrate en sentimientos y sensaciones, usando expresiones rebosantes de connotaciones. No te pongas sentimental: cansa, y es demasiado directo. Sugiere el efecto que tu blanco ejerce en ti en vez de regodearte en cómo te sientes. Sé vago y ambiguo, y darás al lector margen para imaginar y fantasear. La meta de tu escritura no debe ser expresarte, sino producir emoción en el lector, propagar confusión y deseo.

Sabrás que tus cartas tienen un resultado apropiado cuando tus objetivos acaban por ser reflejo de tus ideas, repitiendo lo que tú escribiste, ya sea en tus cartas o en persona. Éste será el momento de pasar a lo físico y erótico. Usa un lenguaje que estremezca por sus connotaciones sexuales, o, mejor aún, sugiere sexualidad abreviando tus cartas, y volviéndolas más frecuentes, e incluso más desordenadas que antes. No hay nada más erótico que una nota corta y abrupta. Tus ideas son inconclusas: sólo pueden ser completadas por la otra persona.

Símbolo: Las nubes. Entre ellas es difícil ver la forma exacta de las cosas. Todo parece vago; la imaginación se desboca, viendo lo que no hay. Tus palabras deben subir a la gente a las nubes, donde se perderá fácilmente.

11

Presta atención a los detalles

*Las
nobles palabras
de amor y los gestos impo-
nentes pueden ser sospechosos:
¿por qué te empeñas tanto en complacer? Los detalles de una seducción —los gestos sutiles, lo que haces sin pensar— suelen ser
más fascinantes y reveladores. Aprende a distraer
a tus víctimas con miles de pequeños y gratos ritua-
les: amables regalos justo para ellas, ropa y accesorios destinados a complacerlas, actos que den real-
ce al tiempo y atención que les dedicas. Todos sus
sentidos participan en los detalles que orquestas.
Crea espectáculos que las deslumbren; hipnotizadas por lo que ven, no advertirán lo que
en verdad te propones. Aprende a sugerir con detalles los sentimientos y el ánimo apropia-
dos.*

CLAVES PARA LA SEDUCCIÓN

A mi modo de ver, entonces, cuando el cortesano quiere declarar su amor debe hacerlo con actos antes que con palabras, porque a veces los sentimientos de un hombre se revelan más claramente [...] con una muestra de respeto o cierta timidez que con volúmenes de palabras.
BALTASAR DE CASTIGLIONE, El cortesano

De niños, nuestros sentidos eran mucho más activos. Los colores de un nuevo juguete, o un espectáculo como el circo, nos subyugaban; un olor o un sonido podía fascinarnos. En los juegos que inventábamos, muchos de los cuales reproducían algo del mundo adulto a menor escala, ¡qué placer nos daba orquestar cada detalle! Nos fijábamos en todo.

Cuando crecemos, nuestros sentidos se embotan. Ya no nos fijamos tanto, porque invariablemente estamos de prisa, haciendo cosas, pasando a la siguiente tarea. En la seducción, siempre tratas de que tu objetivo regrese a los dorados momentos de la infancia. Un niño es menos racional, más fácil de engañar. También está más en sintonía con los placeres de los sentidos. Así, cuando tus objetivos están contigo, nunca debes darles la sensación que normalmente reciben en el mundo real, donde todos estamos apresurados, tensos, fuera de nosotros mismos. Retarda deliberadamente las cosas, y haz retornar a tus blancos a los sencillos momentos de su niñez. Los detalles que orquestas —colores, regalos, pequeñas ceremonias— apuntan a sus sentidos, y al deleite infantil que nos deparan los encantos inmediatos del mundo natural. Llenos de delicias sus sentidos, ellos serán menos capaces de juicio y racionalidad. Presta atención a los detalles y te descubrirás asumiendo un ritmo más lento; tus objetivos no se fijarán en lo que podrías perseguir (favores sexuales, poder, etcétera), porque pareces muy considerado, muy atento. En el reino infantil de los sentidos en que los envuelves, ellos obtienen una clara sensación de que los sumerges en algo distinto a la realidad, un ingrediente esencial de la seducción.

De la década de 1940 a principios de la de 1960, Pamela Churchill Harriman sostuvo una serie de romances con algunos de los hombres más prominentes y acaudalados del mundo. Lo que atraía a esos hombres, y los mantenía subyugados, no era la belleza, linaje o vivaz personalidad de Pamela, sino su extraordinaria atención a los detalles. Todo empezaba con su mirada atenta cuando escuchaba cada palabra de ellos, para embeberse de sus gustos. Una vez que se abría paso hasta su casa, la llenaba con las flores favoritas de esos hombres, hacía que el chef cocinara platillos que ellos sólo habían probado en los mejores restaurantes. ¿Habían mencionado a un artista de su gusto? Días después, ese artista asistía a una de sus fiestas. Ella les hallaba las antigüedades perfectas, se vestía como más les agradaba y excitaba, y lo hacía sin que ellos dijesen palabra alguna: ella espiaba, reunía información de terceros, los oía hablar con otros. La atención de Harriman a los detalles tuvo un efecto embriagador en todos los hombres presentes en su vida. La vida es cruel y competitiva. Atender a los detalles de un modo relajante para otra persona la vuelve dependiente de ti. La clave es sondear sus necesidades en forma no demasiado obvia; para que cuando hagas precisamente el gesto correcto, eso parezca misterioso, como si hubieras leído su mente.

Todo en la seducción es una señal, y nada lo es más que la ropa. No que tengas que vestirte en forma rara, elegante o provocativa, sino que has de hacerlo para tu objetivo: debes apelar a sus gustos. Mientras Cleopatra seducía a Marco Antonio, su atuendo no era declaradamente sexual; se ataviaba como una diosa griega, conociendo la debilidad de él por esas figuras de la fantasía. Madame de Pompadour, la amante de Luis XV, conocía la debilidad de éste, su aburrimiento crónico; constantemente cambiaba su ropa, no sólo de color, sino también de estilo, brindando al rey un incesante festín visual. El contraste opera bien en este caso; en el trabajo o en casa podrás vestir de modo informal; pero cuando estés con tu blanco, usa algo elaborado, como si te disfrazaras. Tu transformación al modo de Cenicienta provocará excitación, y la sensación de que has hecho algo justamente por la persona con quien estás.

Un regalo posee inmenso poder seductor, pero el objeto mismo es menos importante que el gesto, y el sutil pensamiento o emoción que comunica. Quizá la elección se relacione con algo del pasado del objetivo, o simbolice algo entre ustedes, o represente meramente lo que estás dispuesto a hacer por complacer. Los regalos caros no conllevan sentimiento alguno; pueden emocionar temporalmente a su receptor, pero pronto se olvidan, como un niño olvida un juguete nuevo. Un objeto que refleja la atención de quien lo da tiene un poder sentimental duradero, que resurge cada vez que su dueño lo ve.

Por último, las palabras son importantes en la seducción, y tienen enorme poder para confundir, distraer y halagar la vanidad del objetivo. Pero a la larga lo más seductor es lo que no dices, lo que comunicas en forma indirecta. Las palabras se presentan fácilmente, y la gente desconfía de ellas. Cualquiera puede decir las frases indicadas; y una vez dichas, nada obliga a cumplirlas, e incluso es posible olvidarlas del todo. El gesto, el regalo ponderado, los pequeños detalles parecen mucho más reales y sustanciales. También son mucho más encantadores que las nobles palabras de amor, precisamente porque hablan por sí solos y dejan que el seducido vea en ellos lo que sientes, que lo adivine en tus miradas y gestos. Éste es el lenguaje más persuasivo.

Símbolo: *El ban-*
quete. Se ha preparado
un festín en tu honor. Todo ha
sido municiosamente coordinado: flo-
res, adornos, selección de invita-
dos, bailarines, música, comi-
da de cinco platillos, vino
inagotable. El ban-
quete te suelta la
lengua, y te libera
de tus inhibiciones.

12

Poetiza tu presencia

*Cuando tus objetivos
están solos, suceden cosas importantes: la menor sensación de alivio de
que no estés ahí, y todo habrá terminado. Familiaridad y sobreexposición son la causa de esa respuesta. Sé esquivo, entonces, para que cuando estés
lejos, ansíen verte de nuevo, y sólo te asociarán con ideas
gratas. Ocupa la mente de tus blancos alternando una presencia incitante con una fría distancia, momentos eufóri-
cos con ausencias calculadas. Asóciate con imágenes y
cosas poéticas, para que cuando ellos piensen en ti,
empiecen a verte a través de un halo idealizado.
Cuanto más figures en su mente, más te envolve-
rán en seductoras fantasías. Nutre estas
fantasías con sutiles inconsecuencias
y cambios de conducta.*

CLAVES PARA LA SEDUCCIÓN

Quien no sepa mantener fascinada a una muchacha, tanto que ella no sepa ver nada fuera de lo que se quiere que vea; quien no sepa identificarse con el ser de ella hasta conseguir cuanto desea, es un inepto, un inútil. [...] Identificarse con el ser de una muchacha es un arte.

SØREN KIERKEGAARD,
Diario de un seductor

Nuestro concepto de nosotros mismos es invariablemente más halagador que la realidad: creemos ser más generosos, desinteresados, honestos, buenos, inteligentes o bellos de lo que en verdad somos. Nos es muy difícil ser honestos con nosotros sobre nuestras limitaciones: tenemos la desesperada necesidad de idealizarnos. Como apunta la escritora Angela Carter, preferiríamos alinearnos con los ángeles que con los primates superiores de los que en efecto descendemos.

Esta necesidad de idealizar se extiende a nuestros enredos románticos, porque cuando nos enamoramos, o caemos bajo el hechizo de otra persona, vemos nuestro reflejo. La decisión que tomamos al optar relacionarnos con otra persona revela algo nuestro, íntimo e importante; nos resistimos a vernos enamorados de alguien ordinario, soez o soso, porque eso sería un desagradable reflejo nuestro. Además, solemos enamorarnos de alguien que de alguna manera se parece a nosotros. Si esa persona fuera deficiente o, peor aún, ordinaria, pensaríamos que hay algo ordinario y deficiente en nosotros. No, el ser amado debe sobrevalorarse e idealizarse a toda costa, al menos en bien de nuestra autoestima. Aparte, en un mundo cruel y lleno de desilusiones, es un gran placer poder fantasear con la persona con la que te relacionas.

Esto facilita la tarea del seductor: la gente se muere por recibir la oportunidad de fantasear *contigo*. No eches a perder esta oportunidad de oro sobrexponiéndote, o volviéndote tan familiar y banal que tu objetivo te vea exactamente como eres. No tienes que ser un ángel o un dechado de virtudes; eso sería muy aburrido. Puedes ser peligroso, atrevido, incluso algo vulgar, dependiendo de los gustos de tu víctima. Pero jamás ordinario o limitado. En poesía (a diferencia de la realidad), todo es posible.

Para que tus objetivos te idealicen, es crucial que añadas un elemento de duda: podrías no estar tan interesado en ellos, ser un tanto escurridizo. Recuerda: si eres fácil de conseguir, no puedes valer gran cosa. Resulta arduo poetizar a una persona tan ordinaria. Si, tras el interés inicial, dejas en claro que no estás asegurado, si incitas una pizca de duda, tu objetivo imaginará que hay algo especial, honroso e inalcanzable en ti.

La gente obtiene enorme placer al asociar a los demás con algún género de figura fantástica de su infancia. John F. Kennedy se presentaba como una figura caballeresca: noble, valiente, encantador. Pablo Picasso no era sólo un gran pintor con sed de jóvenes mujeres; era el Minotauro de la leyenda griega, o la diabólica figura embaucadora que tanto seduce a las damas. Estas asociaciones no deben hacerse pronto; sólo son eficaces una vez que el blanco ha empezado a caer bajo tu hechizo, y es vulnerable a la sugestión. El truco es asociar tu imagen con algo mítico, por medio de la ropa que usas, las cosas que dices, los lugares a los que vas.

Una experiencia intensa de cualquier índole, artística o espiritual, permanece en la mente mucho más que la experiencia normal. Debes hallar la manera de compartir esos momentos con tus objetivos —un concierto, una obra de teatro, un encuentro espiritual, lo que sea—, para que ellos asocien contigo algo elevado. Los momentos de efusión compartida poseen enorme influencia seductora. Asimismo, cualquier clase de objeto puede imbuirse de resonancia poética y asociaciones sentimentales, como se dijo en el capítulo anterior. Los regalos que haces y otras cosas pueden imbuirse de tu

Lo que necesito es una mujer que sea algo, cualquier cosa: muy bella o muy buena o, en último caso, muy mala; muy ingeniosa o muy tonta, pero algo.
ALFRED DE MUSSET

presencia; si se asocian con gratos recuerdos, su vista te mantendrá en la mente de tu víctima y acelerará el proceso de poetización.

Aunque se dice que la ausencia ablanda el corazón, una ausencia temprana resultará mortal. Debes rodear a tus objetivos de atención concentrada; para que en esos momentos críticos en que están solos, su mente gire alrededor de una especie de arrebol. Haz todo lo que puedas por mantener a tu objetivo pensando en ti. Cartas, recuerdos, regalos, encuentros inesperados: esto te da omnipresencia. Todo debe recordarle a ti.

Símbolo: El halo.
Lentamente, cuando el objetivo está solo, empieza a imaginar un leve fulgor en torno a tu cabeza, formado por todos los placeres que puedes ofrecer, el resplandor de tu intensa presencia, tus nobles cualidades. Ese halo te distingue de los demás. No lo hagas desaparecer volviéndote familiar y ordinario.

13
Desarma con debilidad
y vulnerabilidad estratégicas

*Demasiada manipulación de tu
parte puede despertar sospechas. Lo mejor
para cubrir tus huellas es hacer que la otra persona
se sienta superior y más fuerte. Si das la impresión
de ser débil, vulnerable, esclavo del otro e inacapaz de
controlarte, tus acciones parecerán más naturales, menos
calculadas. La debilidad física —lágrimas, vergüenza, pali-
dez— contribuirá a producir ese efecto. Para merecer más
confianza, cambia virtud por honestidad: establece tu "sinceridad" confesando algún pecado; no es necesario que sea real.
La sinceridad es más importante que la bondad. Hazte la víctima, y luego transforma en amor la compasión de tu objetivo.*

CLAVES PARA LA SEDUCCIÓN

De ordinario, las jóvenes hablan muy ásperamente de los hombres tímidos, pero en secreto les agradan. Un poco de timidez halaga la vanidad de una adolescente, la hace sentirse superior; es su fianza. Pero una vez adormecida, justo en el momento en que cree que estás a punto de perecer de timidez, tú le demuestras que distas tanto de ella que en realidad eres muy independiente. La timidez hace a un hombre perder su importancia masculina, y por lo tanto es un medio relativamente eficaz para neutralizar la relación entre los sexos.
SØREN KIERKEGAARD,
Diario de un seductor

Los débiles ejercen poder sobre nosotros. Yo no puedo vivir sin los claros, los enérgicos. Soy débil e indecisa por naturaleza, y una mujer serena y retraída y que sigue los deseos de su hombre hasta el punto de dejarse usar tiene

Todos tenemos debilidades, vulnerabilidades, flaquezas de carácter. Quizá somos tímidos o demasiado susceptibles, o necesitamos atención; cualquiera que sea nuestra debilidad, es algo que no podemos controlar. Podemos intentar compensarla, o esconderla, pero esto es con frecuencia un error: la gente percibe algo falso o forzado. Recuerda: lo natural en tu carácter es inherentemente seductor. La vulnerabilidad de una persona, lo que parece que es incapaz de controlar, suele ser lo más seductor en ella. Las personas que no muestran debilidades, por otro lado, a menudo causan envidia, temor y enojo: queremos sabotearlas, sólo para hacerlas caer.

No luches contra tus vulnerabilidades, ni intentes reprimirlas, sino ponlas en juego. Aprende a transformarlas en poder. Este juego es sutil; si te deleitas en tu debilidad, si cargas la mano, se te juzgará ansioso de compasión o, peor aún, patético. No, lo mejor es permitir que la gente tenga un destello ocasional del lado débil y frágil de tu carácter, por lo general cuando ya tiene tiempo de conocerte. Ese destello te humanizará, lo que reducirá la desconfianza de los otros y preparará el terreno para un vínculo más firme. Normalmente fuerte y al mando, suéltate a ratos, cede a tus debilidades, déjalas ver.

Hay temores e inseguridades peculiares de cada sexo: tu uso de la debilidad estratégica siempre debe tomar en cuenta esas diferencias. Una mujer, por ejemplo, podría sentirse atraída por la fuerza y seguridad de un hombre, pero, asimismo, un exceso de esto último podría causar temor, y parecer forzado, e incluso desagradable. Particularmente intimidante es la percepción de que un hombre es frío e insensible. Ella podría temer que él busque sexo, y nada más. Los seductores aprendieron hace mucho a ser más femeninos: a mostrar sus emociones, y a parecer interesados en la vida de sus víctimas.

Algunos de los mayores seductores de la historia reciente —Gabriele d'Annunzio, Duke Ellington, Errol Flynn— comprendieron el valor de actuar servilmente ante una mujer, como un trovador arrodillado. La clave es ceder a tu lado débil mientras sigues siendo tan masculino como te sea posible. Esto podría incluir una demostración ocasional de vergüenza, considerada por el filósofo Søren Kierkegaard una táctica extremadamente seductora para un hombre: da a la mujer una sensación de confort, y aun de superioridad. Recuerda, sin embargo, ser moderado. Un atisbo de timidez es suficiente; demasiada, y el objetivo se desesperará, temiendo tener que hacer todo el trabajo.

Los temores e inseguridades de un hombre suelen concernir a su sentido de masculinidad; por lo general se siente amenazado por una mujer demasiado manipuladora, demasiado al mando. Las mayores seductoras de la historia sabían cómo esconder sus manipulaciones haciéndose las niñas en necesidad de protección masculina. Para volver esto más eficaz, una mujer debía parecer tanto en necesidad de protección como sexualmente excitable, concediendo así al hombre su mayor fantasía.

Ver llorar a alguien suele tener un efecto inmediato en nuestras emociones: no podemos permanecer neutrales. Sentimos compasión, y muy a menudo haremos cualquier cosa por detener las lágrimas, incluidas cosas que normalmente no haríamos. Llorar es una táctica increíblemente eficaz, pero quien llora no siempre es tan inocente. Por lo común hay algo real detrás de las lágrimas, pero también puede haber un elemento de actuación, de fingir para impresionar. (Y si el objetivo

mucho mayor atractivo. Un hombre puede formarla y moldearla según su deseo, y la amará más entre tanto.
MURASAKI SHIKIBU,
La historia de Genji

Un hombre no vale un cacahuate si no puede llorar en el momento indicado.
LYNDON BAINES JOHNSON

percibe esto, la táctica está condenada al fracaso.) Más allá del impacto emocional de las lágrimas, hay algo seductor en la tristeza. Queremos consolar a la otra persona, y ese deseo se convierte pronto en amor.

Usa las lágrimas módicamente, y guárdalas para el momento indicado. Éste podría ser un momento en que tu blanco parece desconfiar de tus motivos, o en que te preocupa no ejercer ningún efecto en él. Las lágrimas son un termómetro seguro de lo enamorada que la otra persona está de ti. Si parece enfadada, o se resiste a morder el anzuelo, es probable que tu caso esté perdido.

En situaciones sociales y políticas, parecer demasiado ambicioso, o demasiado controlado, hará que la gente te tema; es crucial que muestres tu lado débil. Exhibir una debilidad ocultará múltiples manipulaciones. La emoción, e incluso las lágrimas, también funcionarán aquí. Lo más seductor es hacerse la víctima. Atacar a tus malévolos adversarios puede hacerte parecer violento también; por el contrario, aguanta sus golpes y hazte la víctima. La gente se pondrá de tu lado, en una reacción emocional que sentará las bases para una grandiosa seducción política.

Símbolo: La imperfección. Una cara bonita es un deleite para la vista, pero si es demasiado perfecta nos dejará fríos, y aun algo intimidados. Es el pequeño lunar, la hermosa marca, lo que vuelve humano y adorable el rostro. Así, no ocultes todas tus imperfecciones. Las necesitas para suavizar tus rasgos e inducir ternura.

14

Mezcla deseo y realidad: la ilusión perfecta

Para compensar las dificultades de la vida, la gente pasa mucho tiempo ensoñando, imaginando un futuro repleto de aventura, éxito y romance. Si puedes crear la ilusión de que, gracias a ti, ella puede cumplir sus sueños, la tendrás a tu merced. Es importante empezar despacio, ganando su confianza, y forjar gradualmente la fantasía acorde a sus anhelos. Apunta a los secretos deseos frustrados o reprimidos, para provocar emociones incontrolables y ofuscar su razón. La ilusión perfecta es la que no se aparta mucho de la realidad, sino que posee apenas un toque de irrealidad, como al soñar despierto. Lleva al seducido a un punto de confusión en que ya no pueda distinguir entre ilusión y realidad.

CLAVES PARA LA SEDUCCIÓN

Dejemos a los amantes y a esas imaginaciones ardientes, a esas extravagantes fantasías que van más allá de lo que la imaginación puede percibir.
WILLIAM SHAKESPEARE, *Sueño de una noche de verano*

La realidad suele ser implacable: suceden cosas sobre las que tenemos poco control, los demás ignoran nuestros sentimientos en afán de obtener lo que necesitan, el tiempo se agota antes de que cumplamos lo que queremos. Si alguna vez nos detuviéramos a examinar el presente y el futuro en forma totalmente objetiva, nos desesperaríamos. Por fortuna, desarrollamos pronto el hábito de soñar. En este otro mundo mental que habitamos, el futuro está lleno de posibilidades optimistas. Quizá mañana convenceremos de esa brillante idea, o conoceremos a la persona que cambiará nuestra vida. Nuestra cultura estimula estas fantasías con constantes imágenes e historias de sucesos maravillosos y felices romances.

El problema es que esas imágenes y fantasías sólo existen en nuestra mente, o en la pantalla. Pero en verdad no son suficientes: ansiamos algo real, no esa ensoñación y tentación interminables. Tu tarea como seductor es dar cuerpo a la vida fantástica de alguien encarnando una figura de fantasía, o creando un escenario que se parezca a los sueños de una persona. Nadie puede resistirse a la fuerza de un deseo secreto que ha cobrado vida ante sus ojos. Elige primeramente objetivos que tengan alguna represión o sueño incumplido, siempre las víctimas más probables de la seducción. Lenta y gradualmente, forja la ilusión de que ven y sienten y viven sus sueños. Una vez que tengan esta sensación, perderán contacto con la realidad, y empezarán a ver tu fantasía como algo más real que todo. Y en cuanto pierdan contacto con la realidad, serán (para citar a Stendhal acerca de las víctimas de Lord Byron) como alondras asadas en tu boca.

La mayoría de la gente tiene una idea falsa de la ilusión. Como sabe cualquier mago, no es necesario fundarla en algo grandioso o teatral; lo grandioso y teatral en realidad puede ser destructivo, al llamar mucho la atención sobre ti y tus ardides. Da en cambio la impresión de normalidad. Una vez que tus objetivos se sientan seguros —nada está fuera de lo común—, dispondrás de margen para engañarlos. Al animar una fantasía, el gran error es imaginar que debe ser desbordante. Esto lindaría en lo *camp*, lo cual es entretenido pero raramente seductor. Por el contrario, a lo que apuntas es a lo que Freud llamó lo "misterioso", algo extraño y familiar al mismo tiempo, como un *déjà vu*, o un recuerdo de infancia: cualquier cosa levemente irracional y de ensueño. Lo misterioso, la mezcla de lo real y lo irreal, tiene inmenso poder sobre nuestra imaginación. Las fantasías a las que das vida para tus objetivos no deben ser estrafalarias ni excepcionales; deben enraizarse en la realidad, con un dejo de extrañeza, de teatralidad, de ocultismo (hablar del destino, por ejemplo). Recuerda vagamente a los demás algo de su infancia, o un personaje de una película o un libro.

Una noche, Paulina Bonaparte, la hermana de Napoleón, ofreció una cena de gala en su casa. En cierto momento, un apuesto oficial alemán se acercó a ella en el jardín y le pidió ayuda para transmitir una solicitud al emperador. Paulina dijo que haría cuanto pudiera y, con una mirada algo misteriosa, le pidió regresar a ese sitio la noche siguiente. El oficial volvió, y fue recibido por una joven que lo condujo a unas habitaciones cerca del jardín, y luego a un magnífico salón, con todo y un baño extravagante. Momentos después entró otra joven por una puerta lateral, vestida con las más finas prendas. Era Paulina. Sonaron campanas, se tiraron sogas

Porque esto misterioso en realidad no es nada nuevo o extraño, sino familiar y antiguo, establecido en la mente y que se ha vuelto extraño a ella sólo mediante el proceso de la represión. Esta referencia al factor de la represión nos permite, además, comprender la definición de Schelling de lo misterioso como algo que debía haber permanecido oculto pero ha salido a la luz [...] • [...] Hay un punto más de aplicación que me gustaría añadir [...] Es el de que un efecto misterioso se produce frecuente y fácilmente cuando la distinción entre imaginación y realidad se desvanece, como cuando algo que hasta ahora hemos considerado imaginario aparece ante nosotros en la realidad, o cuando un símbolo asume todas las funciones de la cosa que simboliza, etcétera. Es este factor el que contribuye no poco al efecto misterioso atribuido a las prácticas mágicas. El elemento infantil en esto, que también domina la mente de los neuróticos, es la sobreacentuación de la realidad psíquica en comparación con

la realidad material, característica estrechamente aliada con la creencia en la omnipotencia de los pensamientos.
SIGMUND FREUD, *"Lo misterioso", en Textos y cartas psicológicos*

y aparecieron doncellas que prepararon el baño, dieron al oficial una bata y desaparecieron. El oficial describió después la velada como salida de un cuento de hadas, y tuvo la sensación de que Paulina había interpretado deliberadamente el papel de una seductora mítica. Parte de la aventura era la sensación de que desempeñaba un papel, e invitaba a su objetivo a esa fantasía compartida.

Hacer teatro improvisado es sumamente placentro. Su atractivo se remonta a la infancia, cuando conocemos la emoción de actuar diferentes papeles, imitando a los adultos o a personajes de ficción. Cuando crecemos y la sociedad nos fija un papel, una parte nuestra ansía la actitud juguetona que antes teníamos, las máscaras que podíamos usar. Aún queremos practicar ese juego, cumplir un papel diferente en la vida. Cede a este deseo de tus blancos, dejando primero en claro que representas un papel, e invitándolos luego a acompañarte en una fantasía compartida. Entre más hagas las cosas como si se tratara de una obra de teatro u obra de ficción, mejor.

Cuando nuestras emociones se inmiscuyen, a menudo tenemos problemas para ver las cosas tal como son. El amor puede nublar nuestra visión, haciéndonos colorear los acontecimientos para que coincidan con nuestros deseos. A fin de hacer creer a la gente en la ilusiones que produces, debes alimentar las emociones sobre las que tiene menos control. Con frecuencia la mejor manera de hacer esto es determinar sus deseos insatisfechos, sus anhelos que claman realización. Tal vez quisiera verse a sí misma como noble o romántica, pero la vida se lo ha impedido. Quizá desea una aventura. Si algo parece dar validez a esta aspiración, se emocionará y volverá irracional, al punto casi de la alucinación. Pocos tienen el poder de entrever la realidad de una ilusión en la que desesperadamente quieren creer.

Símbolo: Shangri-La. Todos tenemos en
nuestra mente una visión de un lugar
perfecto en el que la gente es buena y
noble, donde los sueños pueden rea-
lizarse y los deseos cumplirse, donde la vida está llena de aventura
y romance. Lleva de viaje allá a
tu objetivo, déjale ver Shangri-La entre la niebla de la
montaña, y se enamorará.

15

Aísla a la víctima

U n a
persona aislada
es débil. Al aislar a tus vícti-
mas, las vuelves más vulnerables
a tu influencia. Su aislamiento puede
ser psicológico: llenando su campo de vi-
sión con la grata atención que les prestas, sa-
cas de su mente todo lo demás. Ven y piensan
sólo en ti. El aislamiento también puede ser físico:
aléjalas de su medio normal (amigos, familia,
casa). Hazlas sentirse marginadas, en el limbo: que
dejan un mundo atrás y entran a otro. Una vez
apartadas de esa manera, carecen de apoyo ex-
terno, y en su confusión será fácil descarriar-
las. Haz caer al seducido en tu guarida,
donde nada le es familiar.

CLAVES PARA LA SEDUCCIÓN

Llévalos a un punto del que no puedan salir, y morirán antes de poder escapar.
SUN-TZU,
El arte de la guerra

Quienes te rodean pueden parecer fuertes, y más o menos al mando de su vida, pero eso es una mera fachada. En el fondo, la gente es más frágil de lo que dice. Lo que la hace parecer fuerte es la serie de nidos y redes de seguridad que la envuelven: sus amigos, sus familiares, sus rutinas diarias, lo que le da una sensación de continuidad, seguridad y control. Muévele repetidamente el tapete y déjala sola en un país extranjero, donde las señales conocidas han desaparecido o cambiado, y verás a una persona distinta.

Un objetivo fuerte y asentado es difícil de seducir. Pero aun las personas fuertes pueden volverse vulnerables si te es posible aislarlas de sus nidos y redes de seguridad. Borra de su mente a sus amigos y familiares con tu presencia constante, aléjalas del mundo al que están acostumbradas y llévalas a lugares que no conocen. Haz que pasen tiempo en *tu* entorno. Perturba deliberadamente sus hábitos, haz que hagan cosas que nunca han hecho. Se emocionarán, lo que te facilitará descarriarlas. Encubre todo esto bajo la forma de una experiencia placentera, y un día tus objetivos despertarán distanciados de todo lo que normalmente los conforta. Entonces se volverán a ti en busca de ayuda, como un niño que llama a su madre cuando las luces se apagan. En la seducción, como en la guerra, el objetivo aislado es débil y vulnerable.

Tus peores enemigos en una seducción suelen ser los familiares y amigos de tus objetivos. Ellos están fuera de tu círculo y son inmunes a tus encantos; pueden brindar la voz de la razón al seducido. Trabaja callada y sutilmente para alejar de ellos al objetivo. Insinúa que están celosos de la buena suerte de tu blanco al encontrarte, o que son figuras paternas que han perdido el gusto por la aventura. Este último argumento es sumamente eficaz con los jóvenes, cuya identidad se halla en cambio permanente y quienes están más que dispuestos a rebelarse contra cualquier figura de autoridad, en particular sus padres. Tú representas pasión y vida; los amigos y los padres, hábito y aburrimiento.

Nuestra relaciones pasadas son una barrera en el presente. Aun las personas que dejamos atrás pueden seguir influyendo en nosotros. Como seductor, se te pondrá contra el pasado, se te comparará con pretendientes anteriores, y quizá se te juzgue inferior. *No permitas que las cosas lleguen a ese punto.* Desplaza el pasado con tus atenciones presentes. De ser necesario, busca la forma de desacreditar a los amantes previos, sutilmente o no, dependiendo de la situación. Llega incluso al extremo de abrir viejas heridas, haciendo sentir a tu víctima antiguos dolores y ver en contraste cuán mejor es el presente. Mientras más la aísles del pasado, más hondo querrá sumergirse contigo en el presente.

Hoy nos agobian toda suerte de responsabilidades. Se forma un muro a nuestro alrededor: somos inmunes a la influencia de los demás, porque estamos muy preocupados. Para seducir a tus objetivos, debes alejarlos con delicadeza y lentitud de los asuntos que ocupan su mente. Y lo que mejor los hace salir de sus castillos es el aroma de lo exótico. Ofréceles algo desconocido que les fascine y mantendrás su atención. Sé diferente en tu actitud y apariencia, y envuélvelos poco a poco en ese diferente mundo tuyo. No te preocupes de que el desorden que representas los ponga emotivos: ésta es una señal de su debilidad creciente. La mayoría de las personas son ambivalentes: por un lado se sienten a gusto con sus hábitos y deberes, pero por el otro están

¡Niña, hermana mía, / Piensa en la dulzura/ De vivir juntos muy lejos! / ¡Amar a placer, / Amar y morir / En sitio a ti semejante! / Los húmedos soles, / Los cielos nublados / Tienen para mí el encanto, / Tan embrujador, / De tus falsos ojos / Brillando a través del llanto. / Todo es allá lujo y calma / Orden, deleite y belleza. [...] / Mira en los canales / Dormir los navíos / De talante vagabundo; / A fin de colmar / tu menor deseo / Arriban del fin del orbe. / Los soles ponientes / Visten la campiña, / Las aguas, la ciudad entera, / De jacinto y oro; / El mundo reposa / Envuelto en cálida luz. / Todo es allá lujo y calma / Orden, deleite y belleza.
CHARLES BAUDELAIRE, "Invitación al viaje", *Las flores del mal*

aburridas, y listas para cualquier cosa que parezca exótica, que semeje provenir de otra parte. Cuanto más logres llevarlas a tu mundo, que desconocen, más aisladas estarán. Cuando se den cuenta de lo ocurrido, ya será demasiado tarde.

La clave para aislar psicológicamente a tus objetivos es prestarles intensa atención, hacerles sentir que no hay nada más en el mundo que ustedes dos. No les des tiempo ni espacio para preocuparse, sospechar o resistirte; inúndalos de la atención que excluye todos los demás pensamientos, preocupaciones y problemas. Esto tendrá un efecto embriagador en su ego, y les hará experimentar el aislamiento como algo placentero.

El principio del aislamiento puede aplicarse literalmente arrebatando al objetivo a un lugar exótico. El peligro del viaje es que tus objetivos están íntimamente expuestos a ti; así es difícil mantener un aire de misterio. Pero si los llevas a un sitio suficientemente tentador para distraerlos, les impedirás fijarse en cualquier cosa banal de tu carácter.

El poder seductor del aislamiento va más allá del reino sexual. Cuando nuevos miembros se sumaban al círculo de devotos de Mahatma Gandhi, se les alentaba a cortar sus lazos con el pasado: con su familia y amigos. Este tipo de renuncia ha sido un requisito de muchas sectas religiosas a través de los siglos. La gente que se aísla de este modo es mucho más vulnerable a la influencia y la persuasión. Un político carismático nutre, y aun alienta, la sensación de distanciamiento de la gente.

Por último, en algún momento de la seducción debe haber una pizca de peligro en la mezcla. Tus blancos deberían sentir que ganan una gran aventura al seguirte, pero también que pierden algo: una parte de su pasado, su apreciada comodidad. Alienta activamente estas sensaciones ambivalentes. Un elemento de temor es el sazón apropiado; aunque demasiado temor resulta extenuante, en pequeñas dosis nos hace sentir vivos. Como lanzarse de un avión, eso es excitante, estremecedor, lo mismo que un poco alarmante. Y la única persona ahí para interrumpir la caída, o atajar a la víctima, eres tú.

Símbolo: El flautista. Alegre amigo con su capa roja y amarilla, saca de casa a los niños con los deleitosos sonidos de su flauta. Encantados, ellos no advierten lo lejos que caminan, que dejan atrás a su familia. Ni siquiera reparan en la cueva en que al final los mete, y que cierra tras ellos para siempre.

16

Muestra de lo que eres capaz

La mayoría quiere
ser seducida. Si se resiste a tus esfuer-
zos, quizá se deba a que no has llegado lo bastan-
te lejos para disipar sus dudas sobre tus motivos, la
hondura de tus sentimientos y demás. Una acción oportu-
na que demuestre hasta dónde estás dispuesto a llegar
para conquistarla desvanecerá sus dudas. No te importe
parecer ridículo o cometer un error; cualquier acto de ab-
negación por tus objetivos arrollará de tal manera sus emo-
ciones que no notará nada más. Nunca exhibas desánimo
por la resistencia de la gente, ni te quejes. En cambio, en-
frenta el reto haciendo algo extraordinario o cortés. A la
inversa, alienta a los demás a demostrar su valía vol-
viéndote difícil de alcanzar, inasible, disputable.

EVIDENCIA SEDUCTORA

El amor, como la milicia, rechaza / a los pusilánimes y los tímidos que no saben / defender sus banderas. Las sombras de la noche, / los fríos del invierno, las rutas interminables, / la crueldad del dolor y toda suerte de trabajos / son el premio de los que militan en su campo. / ¡Qué de veces tendrás que soportar el chaparrón / de la alta nube y dormir a la inclemencia sobre del duro suelo! / [...] Despójate del orgullo, ya que pretendes trabar / con tu amada lazos perdurables. Si en su casa / te niegan un acceso fácil y seguro y se te opone / la puerta asegurada con el cerrojo, resbálate sin miedo / por el lecho o introdúcete furtivamente por la alta ventana. Se alegrará / cuando sepa el peligro que corriste por ella, y en tu audacia / verá la prenda más segura del amor.
OVIDIO, *El arte de amar*

Cualquiera puede darse ínfulas, decir cosas honrosas de sus sentimientos, insistir en lo mucho que nos quiere, así como a todas las personas oprimidas en los más remotos confines del planeta. Pero si nunca se comporta de un modo que confirme sus palabras, empezaremos a dudar de su sinceridad; quizá tratamos con un charlatán, un hipócrita o un cobarde. Halagos y palabras bonitas no pueden ir demasiado lejos. Pero llegará un momento en que tengas que enseñar a tu víctima alguna evidencia, igualar tus palabras con tus actos.

Este tipo de evidencia cumple dos funciones. Primero, disipa cualquier duda que persista sobre ti. Segundo, una acción que revela una cualidad positiva en ti es sumamente seductora en sí misma. Las hazañas heroicas o desinteresadas producen una reacción emocional poderosa y positiva. No te preocupes: no es necesario que tus actos sean tan valerosos y desinteresados que pierdas todo por su causa. La sola apariencia de nobleza será suficiente. De hecho, en un mundo en que la gente analiza en exceso y habla demasiado, cualquier acción tiene un efecto tonificante y seductor.

En el curso de una seducción es normal hallar resistencia. Entre más obstáculos venzas, por supuesto, mayor será el placer que te espera, pero más de una seducción fracasa porque el seductor no interpreta correctamente las resistencias del objetivo. Las más de las veces te rindes demasiado fácil. Comprende primero una ley básica de la seducción: la resistencia es señal de que las emociones de la otra persona están implicadas en el proceso. El único individuo al que no puedes seducir es al frío y distante. La resistencia es emocional, y puede transformarse en su contrario, de igual forma que en el jujitsu la resistencia física del contrincante puede usarse para hacerlo caer. Si la gente se te resiste porque no confía en ti, un acto aparentemente desinteresado, que indique lo lejos que estás dispuesto a llegar para demostrar tu valía, será un remedio eficaz. Si se resiste porque es virtuosa, o por lealtad a otra persona, tanto mejor: la virtud y el deseo reprimido son fáciles de vencer con acciones. Un acto cortés también ayudará a eclipsar a cualquier rival en la escena, porque la mayoría es tímida, y rara vez arriesga algo.

Hay dos maneras de mostrar de lo que eres capaz. Primero, la acción espontánea: surge una situación en la que el objetivo requiere ayuda, debe resolver un problema o simplemente necesita un favor. No puedes prever estas situaciones, pero debes estar listo para ellas, porque pueden aparecer en cualquier momento. Impresiona al objetivo llegando más lejos de lo necesario: sacrificando más dinero, tiempo, esfuerzo del esperado. Tu blanco usará a menudo estos momentos, o incluso los inventará, como una especie de prueba: ¿te retirarás? ¿O estarás a la altura de las circunstancias? No puedes vacilar ni protestar, ni siquiera un momento, o todo estará perdido. De ser necesario, haz que el acto parezca haberte costado más de lo que fue, nunca con palabras, sino en forma indirecta: miradas de agotamiento, versiones esparcidas por terceros, lo que haga falta.

La segunda manera de demostrar de lo que eres capaz es la hazaña heroica que planeas y ejecutas con anticipación, solo y en el momento justo, de preferencia ya avanzada la seducción, cuando cualquier duda que la víctima siga teniendo de ti es más peligrosa que antes. Elige un acto dramático y difícil que revele el mucho tiempo y esfuerzo implicados. El peligro puede ser muy

El hombre dice: "[...] Un fruto tomado del propio huerto debe saber más dulce que el obtenido del árbol de un extraño, y lo que se ha alcanzado con enorme esfuerzo se aprecia más que lo conseguido sin dificultades. Como dice el proverbio: 'Hay que sufrir para merecer'". La mujer dice: "Si hay que sufrir para merecer, tú debes sufrir la fatiga de muchas penurias para alcanzar los favores que buscas, porque lo que pides es un gran mérito". El hombre dice: "Te doy las más expresivas gracias por prometerme sabiamente tu amor cuando haya hecho grandes esfuerzos. Dios no quiera que yo ni ningún otro ganemos el amor de tan digna mujer sin alcanzarlo con grandes empeños".
ANDREAS CAPELLANUS, *Sobre el amor*

seductor. Dirige hábilmente a tu víctima a una crisis, un momento de peligro, o colócala indirectamente en una posición incómoda, y podrás hacerla de salvador, de caballero galante. Los fuertes sentimientos y emociones que esto incita pueden redirigirse con facilidad hacia el amor.

Efectuar tu proeza lo más gallarda y cortésmente posible elevará la seducción a un nuevo plano, incitará hondas emociones y disimulará todos los motivos ocultos que puedas tener. Tus sacrificios deben ser visibles; hablar de ellos, o explicar lo que te costaron, parecerá presunción. Deja de dormir, enférmate, pierde tiempo valioso, pon en riesgo tu carrera, gasta más dinero del que puedes permitirte. Exagera todo esto para impresionar, pero que no te sorprendan alardeando de ello o compadeciéndote de ti: cáusate dificultades y déjalo ver. Como casi todo el mundo parece buscar su beneficio, tu acto noble y desinteresado será irresistible.

Finalmente, esta estrategia también puede aplicarse al revés, haciendo que la gente te muestre de lo que es capaz. La vehemencia de la seducción aumenta con estos desafíos: "Demuéstrame que me amas *de verdad*". Cuando una persona (de cualquier sexo) está a la altura de las circunstancias, de la otra suele esperarse que haga lo mismo, y la seducción se agudiza. Al hacer que la gente demuestre su valía, aumentas asimismo tu valor y encubres tus defectos. Tus objetivos están demasiado ocupados probándose para notar tus faltas e imperfecciones.

Símbolo: El
torneo. En el cam-
po, con sus brillantes
pendones y enjaezados ca-
ballos, la dama ve a los caballeros pelear por su mano. Los ha
oído declarar su amor de rodillas,
sus canciones interminables y be-
llas promesas. Son muy buenos
para eso. Pero entonces suena la
trompeta y empieza el combate.
En el torneo no puede haber far-
sa ni vacilación. El caballero
al que ella elija deberá tener sangre en el rostro,
y algunas frac-
turas.

17

Efectúa una regresión

La gente que ha ex-
perimentado cierto tipo de placer
en el pasado, intentará repetirlo o recor-
darlo. Los recuerdos más arraigados y agradables suelen ser los de la temprana infancia, a menudo
inconscientemente asociados con la figura paterna o materna. Haz que tus objetivos vuelvan a esos momentos infil-
trándote en el triángulo edípico y poniéndolos a ellos como el
niño necesitado. Ignorantes de la causa de su reacción emocional, se enamorarán de ti. O bien, también tú puedes experimentar una regresión, dejando a tus blancos desempeñar el papel de padre/madre protector, atento. En uno
u otro caso, ofreces la fantasía suprema: la posibilidad de tener una relación íntima con
mamá o papá, hijo o hija.

LA REGRESIÓN ERÓTICA

He subrayado el hecho de que la persona amada es un sustituto del yo ideal. Dos personas que se aman intercambian su yo ideal. Que se amen significa que aman el ideal de ellas mismas en la otra. No habría amor sobre la Tierra si este fantasma no existiera. Nos enamoramos porque no podemos alcanzar la imagen de nuestro mejor yo y de lo mejor de nuestro yo. Con base en ese concepto resulta obvio que el amor sólo es posible en cierto nivel cultural o después de alcanzada cierta fase en el desarrollo de la personalidad. La creación de un yo ideal señala en sí misma el progreso humano. Cuando la gente está completamente satisfecha con su yo, el amor es imposible. • La transferencia del yo ideal a una persona es el rasgo más característico del amor.
THEODOR REIK,
De amor y deseo

Cuando adultos, tendemos a sobrevalorar nuestra infancia. En su dependencia e impotencia, los niños sufren de verdad; pero cuando crecemos, olvidamos convenientemente eso y sentimentalizamos el supuesto paraíso que hemos dejado atrás. Olvidamos el dolor y recordamos sólo el placer. ¿Por qué? Porque las responsabilidades de la vida adulta son a veces una carga tan opresiva que añoramos en secreto la dependencia de la infancia, a esa persona que estaba al tanto de cada una de nuestras necesidades, que hacía suyos nuestros intereses y preocupaciones. Esta ensoñación nuestra tiene un fuerte componente erótico, porque la sensación de un niño de depender de su padre o madre está cargada de matices sexuales. Transmite a la gente una sensación similar a ese sentimiento de protección y dependencia de la niñez y proyectará en ti toda suerte de fantasías, incluidos sentimientos de amor o atracción sexual que atribuirá a otra cosa. Aunque no lo admitamos, es un hecho que anhelamos experimentar una regresión, despojarnos de nuestra apariencia adulta y desahogar las emociones infantiles que persisten bajo la superficie.

Para efectuar una regresión debes alentar a la gente a hablar de su niñez. La mayoría lo haremos con gusto; y nuestros recuerdos son tan vívidos y emotivos que una parte de nosotros experimenta una regresión con sólo hablar de nuestros primeros años. Asimismo, en el curso de esa conversación suelen escaparse pequeños secretos: revelamos toda suerte de información valiosa sobre nuestras debilidades y carácter, información que tú debes atender y recordar. No creas todo lo que dicen tus objetivos; con frecuencia endulzarán o sobredramatizarán sucesos de infancia. Pero presta atención

EFECTÚA UNA REGRESIÓN | 147

a su tono de voz, a cualquier tic nervioso al hablar, y en particular a todo aquello que no quieran mencionar, todo lo que nieguen o les emocione. Muchas afirmaciones significan en verdad lo contrario; si dicen que odiaban a su padre, por ejemplo, puedes estar seguro de que encubren una enorme desilusión: que lo cierto es que amaban en exceso a su padre, y que quizá nunca obtuvieron de él lo que querían.

Con la información que has reunido sobre su niñez, y el lazo de confianza que has forjado con ellos, puedes empezar a efectuar una regresión. Quizá hayas descubierto un poderoso apego al padre o madre, un hermano o un maestro, o un encaprichamiento temprano con una persona que proyecta una sombra sobre su vida presente. Sabiendo cómo era esa persona que tanto los afectó, puedes adoptar ese papel. O quizá te hayas enterado de un inmenso vacío en su infancia: un padre negligente, por ejemplo. Actúa entonces como ese padre, pero también remplaza el descuido original por la atención y afecto que el padre real nunca proporcionó.

Las regresiones que puedes efectuar se dividen en cuatro grandes tipos.

La regresión infantil. El primer vínculo —el vínculo entre una madre y su hijo— es el más poderoso de todos. A diferencia de otros animales, los bebés humanos tenemos un largo periodo de desamparo, durante el que dependemos de nuestra madre, lo que engendra un apego que influye en el resto de nuestra vida. La clave para efectuar esta regresión es reproducir la sensación de amor incondicional de una madre por su hijo. Nunca juzgues a tus blancos; déjalos hacer lo que quieran, incluso portarse mal; al mismo tiempo, rodéalos de amorosa atención, cólmalos de comodidades.

La regresión edípica. Después del lazo entre madre e hijo viene el triángulo edípico de madre, padre e hijo. Este triángulo se forma durante el periodo de las primeras fantasías eróticas del niño. Un niño quiere a su madre para sí, una niña a su padre, pero jamás lo lograrán, porque una madre o padre siempre tendrá relaciones rivales con su cónyuge u otro adulto. El amor incondicional ha desaparecido; ahora, inevitablemente, el padre o madre puede negar a veces lo que el hijo desea. Transporta a tu víctima a ese periodo. Desempeña el papel paterno o materno, sé cariñoso, pero en ocasiones también regaña e inculca algo de disciplina. En realidad a los niños les agrada un poco de disciplina; les hace sentir que el adulto se preocupa por ellos. Y a los niños adultos también les estremecerá que mezcles tu ternura con un poco de dureza y castigo.

Recuerda incluir un componente erótico en tu conducta paterna/materna. Ahora tus objetivos no sólo tienen para ellos a su madre o padre; también tienen algo más, antes prohibido y hoy permitido.

La regresión del ego ideal. Cuando niños, solemos formarnos una figura ideal a partir de nuestros sueños y ambiciones. Primero, esa figura ideal es la persona que queremos ser. Nos imaginamos como valientes aventureros, figuras románticas. Luego, en nuestra adolescencia, dirigimos nuestra atención a los demás, a menudo proyectando en ellos nuestros ideales. El primer chico del que nos enamoramos podría habernos dado la impresión de poseer las cualidades ideales que queríamos para nosotros, o bien podría habernos hecho sentir que podíamos desempeñar ese papel ideal en relación con él. La mayoría llevamos esos ideales con nosotros. Nos decepciona en secreto cuánto hemos tenido que transigir, lo bajo que hemos caído desde nuestro ideal al madurar. Haz sentir a tus objetivos que cumplen su ideal de juventud y están cerca de ser lo que querían, y efectuarás una clase distinta de regresión, creando una sensación reminiscente de la adolescencia. La relación entre el seducido y tú es en este caso más equitativa que las anteriores clases de regresiones, más como el afecto entre hermanos. De hecho, el ideal suele basarse en un hermano o hermana. Para crear este efecto, esmérate en reproducir la atmósfera intensa e inocente de un encaprichamiento de juventud.

La regresión materna/paterna inversa. Aquí eres tú quien experimenta una regresión: desempeñas deliberadamente el papel del niño bonito, adorable, pero también sexualmente cargado. Los mayores consideran a los jóvenes increíblemente seductores. En presencia de jóvenes, sienten volver un poco de su propia juventud; pero son mayores, y junto con la vigorización que experimentan en compañía de la gente joven, está para ellos el placer de hacerse pasar por padre o madre.

Símbolo: La cama. Acostado solo en la cama, el niño se siente desprotegido, temeroso, necesitado. En un cuarto cercano está la cama de su madre/padre. Es grande e indebida sede de cosas que se supone que el no debe saber. Transmite al seducido ambas sensaciones —desamparo y transgresión— al acostarlo y arrullarlo.

18

Fomenta las transgresiones
y lo prohibido

*Siempre hay límites sociales a lo que uno puede
hacer. Algunos de ellos, los tabúes más elementales,
datan de hace siglos; otros son más superficiales, y
simplemente definen la conducta cortés y aceptable.
Hacer sentir a tus objetivos que los conduces más allá de
cualquier límite es extremadamente seductor. La gente
ansía explorar su lado oscuro. No todo en el amor romántico debe ser tierno y delicado; insinúa poseer una
vena cruel, aun sádica. No respetes diferencias de
edad, votos conyugales, lazos familiares. Una vez
que el deseo de transgresión atrae a tus blancos
hacia ti, les será difícil detenerse. Llévalos
más lejos de lo que imaginaron; la sensación compartida de culpa y complicidad creará un poderoso vínculo.*

CLAVES PARA LA SEDUCCIÓN

La sociedad y la cultura se basan en límites: este tipo de conducta es aceptable, este otro no. Los límites son variables y cambian con el tiempo, pero siempre los hay. La alternativa es la anarquía, el desorden de la naturaleza, al que tememos. Pero somos animales extraños: en cuanto se impone cualquier tipo de límite, físico o psicológico, sentimos curiosidad. Una parte de nosotros quiere rebasarlo, explorar lo prohibido.

Si de niños se nos dice que no pasemos de cierto límite del bosque, ahí es precisamente adonde vamos. Pero al crecer, y volvernos civilizados y respetuosos, un creciente número de fronteras obstruyen nuestra vida. No confundas urbanidad con felicidad; aquélla encubre frustración, una concesión no deseada. ¿Cómo podemos explorar el lado sombrío de nuestra personalidad sin incurrir en castigos u ostracismo? Ese lado se filtra en nuestros sueños. A veces despertamos con una sensación de culpa por los asesinatos, incestos, adulterios y caos que ocurren en nuestros sueños, hasta que nos percatamos de que nadie tiene que saberlo salvo nosotros. Pero dale a una persona la sensación de que contigo tendrá la oportunidad de explorar los más remotos linderos de la conducta aceptable y civilizada, de que tú puedes dar salida a parte de su personalidad enclaustrada, y generarás los ingredientes necesarios para una seducción profunda e intensa.

Tendrás que ir más allá de sólo incitar a una persona con una fantasía elusiva. El impacto y el poder seductor procederán de la realidad que le ofrezcas. Si te ha seguido por pura curiosidad, podría sentir cierto temor y vacilación; pero una vez atrapada, le será difícil resistirse, porque es difícil retornar a un límite una vez transgredido y traspasado.

Los corazones y el ojo no cesan de recorrer los senderos que siempre les han brindado regocijo, y si alguien intenta frustrar su caza, no hará sino apasionarlos más por ella, como Dios bien sabe. [...] Esto ocurrió con Tristán e Isolda. Tan pronto como sus deseos se les prohibieron, y espías y guardias les impidieron gozar uno del otro, ellos empezaron a sufrir intensamente. El deseo los atormentó entonces con su magia, muchas veces peor que antes; la necesidad que tenían uno de otro fue más dolorosa y urgente que nunca. • [...] Las mujeres hacen muchas cosas sólo porque están prohibidas, que sin duda no harían si no lo estuvieran. [...] Dios nuestro Señor dio a Eva la libertad de hacer lo que quisiera con todos los frutos, flores y plantas que había en el Paraíso, salvo uno, que le prohibió tocar so pena de muerte. [...] Ella tomó ese fruto y

En cuanto la gente siente que algo es prohibido, una parte de ella lo querrá. Esto es lo que convierte a hombres y mujeres casados en un objetivo tan deseable: entre más prohibido es alguien, mayor el deseo.

Puesto que lo prohibido es deseado, de algún modo debes parecer prohibido. La manera más ostensible de hacer esto es adoptar una conducta que te dé un aura oscura y prohibida. En teoría, eres alguien a quien se debe evitar; pero en la práctica, eres demasiado seductor para que se te resistan. Exagera tu lado oscuro y tendrás un efecto semejante. Desde el punto de vista de tus blancos, relacionarse contigo significa ir más allá de sus límites, hacer algo atrevido e inaceptable para la sociedad, para sus iguales. Para muchos, ésta es una razón para morder el anzuelo.

El duque de Richelieu, el gran libertino del siglo XVIII, tenía predilección por las jóvenes, y con frecuencia agudizaba la seducción envolviéndolas en una conducta transgresora, a lo que la gente joven es particularmente susceptible. Intentaba volver a la joven contra sus padres, ridiculizando su celo religioso, gazmoñería o conducta piadosa. La estrategia del duque consistía en atacar los valores que sus objetivos más apreciaban, justo los valores que representan un límite. En una persona joven, los lazos familiares, los lazos religiosos y demás son útiles para el seductor; los jóvenes apenas necesitan una razón para rebelarse contra ellos. Aun así, esta estrategia puede aplicarse a una persona de cualquier edad: para todo valor altamente estimado hay un lado sombrío, una duda, un deseo de explorar lo que ese valor prohíbe.

Se supone que el amor debe ser tierno y delicado, pero de hecho puede liberar emociones violentas y destructivas; y la posible violencia del amor, la forma en que atrofia nuestra racionalidad normal, es justo lo que nos

quebrantó el mandamiento de Dios, [...] pero hoy creo firmemente que Eva jamás habría hecho eso si no se le hubiera prohibido.
GOTTFRIED VON STRASSBURG, *Tristán e Isolda*

Hace poco vi que un semental / al que se tiraba de las riendas apretaba los dientes y salía / disparado como un rayo; pero tan pronto como sintió /aflojarse las riendas, soltarse sobre su crín volandera, / cayó muerto. Eternamente nos irritan / las restricciones, codiciamos todo lo prohibido. (Mira al enfermo / a quien se dice que no lo haga, dar vueltas por lo baños públicos.) / [...] El deseo aumenta ante lo que está fuera de su alcance. A un ladrón / le atraen los lugares a prueba de robo. ¿Cuán a menudo el amor / no medra en busca de la aprobación de un rival? No es la belleza / de tu esposa, sino tu pasión por ella lo que nos incita; ella debe / tener algo para haberte atrapado. Una mujer encerrada / por su marido no es casta sino

perseguida, su temor atrae más / que su figura. La pasión ilícita —te guste / o no— es más dulce. Lo que me enciende es / que una mujer diga: "Tengo miedo."
OVIDIO, *Amores*

La bajeza atrae a todos.
JOHANN WOLFGANG VON GOETHE

atrae. Aborda el lado violento del romance mezclando una vena cruel con tus tiernas atenciones, en particular en las etapas avanzadas de la seducción, cuando ya tienes al objetivo en tus garras. Una relación masoquista representa una gran liberación transgresora.

Entre más ilícita parezca tu seducción, más poderoso será su efecto. Da a tu objetivo la sensación de que comete una especie de delito, un acto cuya culpa comparte contigo. Crea situaciones públicas en las que ambos sepan algo que los demás ignoran. Podrían ser frases y miradas que sólo ustedes reconozcan, un secreto. Es crítico explotar tensiones como éstas en público, para crear una sensación de complicidad y colusión contra el mundo.

Hay gente que se empeña en quitar restricciones a su conducta privada, para hacer todo más libre, en el mundo actual, pero esto sólo vuelve más difícil y menos excitante la seducción. Haz todo lo que puedas por reimplantar una sensación de transgresión y delito, así sea sólo psicológica e ilusoria. Debe haber obstáculos por vencer, normas sociales por desobedecer, leyes por violar, para que la seducción pueda consumarse. Podría parecer que una sociedad permisiva impone pocos límites; busca algunos. Siempre habrá límites, vacas sagradas, normas de conducta: materia inagotable para fomentar las transgresiones y la violación de tabúes.

Símbolo: El bosque. A los niños se les dice que no vayan al bosque justo más allá de los confines de su segura casa. Ahí no hay orden, sólo selva, animales salvajes y delincuentes. Pero la oportunidad de explorar, la oscuridad tentadora y el hecho de que eso esté prohibido son imposibles de resistir. Y una vez allá, los niños quieren llegar más lejos.

19

Usa señuelos espirituales

*Todos tenemos dudas e
inseguridades, sobre nuestro
cuerpo, autoestima, sexualidad. Si
tu seducción apela exclusivamente a
lo físico, atizarás esas dudas y cohibirás
a tus objetivos. Líbralos en cambio de sus
inseguridades dirigiendo su atención a algo
sublime y espiritual: una experiencia religiosa,
una eminente obra de arte, el ocultismo. Exagera
tus cualidades divinas; adopta un aire de insatisfacción con las cosas materiales; habla de las estrellas, el destino, la trama oculta que te une con el
objetivo de tu seducción. Perdido en una bruma
espiritual, el objetivo se sentirá ligero y desinhibi-
do. Acentúa el efecto de tu seducción haciendo que su culminación sexual semeje la
unión espiritual de dos almas.*

CLAVES PARA LA SEDUCCIÓN

La religión es el sistema más seductor que la humanidad ha creado. La muerte es nuestro mayor temor, y la religión nos brinda la ilusión de que somos inmortales, de que algo nuestro sobrevivirá. La idea de que somos una parte infinitesimal de un universo vasto e indiferente es aterradora; la religión humaniza este universo, nos hace sentirnos importantes y amados. No somos animales gobernados por instintos incontrolables, animales que mueren sin razón aparente, sino criaturas hechas a imagen de un ser supremo. También podemos ser sublimes, racionales y buenos. Todo lo que alimenta un deseo o ilusión es seductor, y nada puede igualar a la religión en ese ámbito.

El placer es el anzuelo que usas para atraer a una persona a tu telaraña. Pero por listo que seas como seductor, en el fondo de su mente tus objetivos saben cuál es el final, la conclusión física a la que te diriges. Quizá pienses que tu objetivo no está reprimido y ansía placer, pero a casi todos nos asedia un malestar de fondo con nuestra naturaleza animal. A menos que enfrentes ese malestar, tus seducciones, aun si son exitosas a corto plazo, serán superficiales y temporales. En cambio, intenta atrapar el alma de tu objetivo, sentar bases de una seducción profunda y duradera. Atrae a tu víctima a tu red con la espiritualidad, haciendo que el placer físico parezca sublime y trascendente. La espiritualidad ocultará tus manipulaciones, sugerirá que tu relación es eterna y dará margen al éxtasis en la mente de la víctima. Recuerda que la seducción es un proceso mental, y nada embriaga más a la mente que la religión, la espiritualidad y el ocultismo.

Como seductor, usa la religión y la espiritualidad como medio de distracción. Invita a la otra persona a

USA SEÑUELOS ESPIRITUALES | 157

venerar algo bello en el mundo. Podría ser la naturaleza, una obra de arte o una religión exótica. Podría ser incluso una causa noble, un santo o gurú. La gente muere por creer en algo. Entre tanto, tus blancos son llevados fuera de sí mismos, unidos a algo más grande, mientras se les distrae del elemento físico de tu seducción. Si puedes asemejarte a lo que rindes culto —si eres natural, esteta, noble y sublime—, tus objetivos transferirán a ti su adoración. Apenas notarán la transición a algo más físico y sexual. Del éxtasis espiritual al sexual no hay más que un paso.

Adopta un aire espiritual exhibiendo insatisfacción con las banalidades de la vida. No es el dinero, el sexo ni el éxito lo que te mueve; tus impulsos nunca son tan bajos. No, algo mucho más profundo te motiva. Sea lo que fuere, manténlo vago, dejando imaginar al objetivo tus ocultas honduras. Las estrellas, la astrología, la suerte siempre son atractivas; crea la sensación de que el destino te ha unido con tu blanco. Esto hará que tu seducción parezca más natural. En un mundo en que se controlan y falsifican demasiadas cosas, la sensación de que la suerte, la necesidad o un poder superior guía tu relación es doblemente seductora. Si quieres entretejer motivos religiosos en tu seducción, siempre es mejor elegir una religión distante y exótica, con un aire ligeramente pagano. Es fácil pasar de la espiritualidad pagana a la terrenalidad pagana. El tiempo cuenta: una vez que hayas agitado el alma de tus objetivos, pasa rápido a lo físico, haciendo que lo sexual parezca meramente una prolongación de las vibraciones espirituales que experimentas. En otras palabras, emplea la estrategia espiritual lo más cerca posible del momento de tu acto audaz.

Lo espiritual no es exclusivamente lo religioso u oculto. Es todo lo que añade una cualidad sublime, eterna a

La idealización de la estrella [de cine] implica, desde luego, la espiritualización correspondiente. Las fotografías suelen mostrarnos a la estrella pintando bajo la inspiración del más auténtico talento; o bien, inclinada ante sus libreros para consultar algún bello volumen cuya espléndida encuadernación garantiza su valor espiritual. Ray Milland no oculta la elevación de sus intereses: "Me fascina la astronomía, me fascina pensar en la naturaleza y en la posibilidad de vida en otros planetas. Mi libro favorito trata de la vegetación que podría existir en la luna [...]." El amor así elaborado se crea evidentemente a imagen del amor en las películas: un sentimiento apasionado impregnado de espiritualidad. Claro que el mito de las estrellas no niega la sexualidad. La sexualidad siempre se da por hecho. Las columnas de chismes lo dejan entender así en sus miles de "compromisos" o "atracciones violentas". Pero las estrellas hacen el amor sólo a raíz de un superior y desesperado impulso del alma.

*Sacerdotisas del amor, lo
trascienden al ejercerlo.
No pueden entregarse a la
orgía, es decir al placer sin
espiritualidad, salvo bajo
pena de destierro de Beverly
Hills. Deben fingir al menos.
[...] La estrella disfruta de
la vida y el amor a nombre
del mundo entero. Posee
la grandeza mística de la
prostituta sagrada.*
EDGAR MORIN,
Las estrellas del cine

tu seducción. En el mundo moderno, la cultura y el arte han ocupado de algún modo el lugar de la religión. Hay dos maneras de usar el arte en tu seducción: primero, crearlo tú mismo, en honor a tu objetivo. Poesía que él te haya inspirado escribir siempre dará buenos resultados. La mitad del atractivo de Picasso para muchas mujeres era la esperanza de que las inmortalizara en sus cuadros, porque *Ars longa, vita brevis* (El arte perdura, la vida es breve), como decían en Roma. Aun si tu amor es un capricho pasajero, al capturarlo en una obra de arte le das una seductora ilusión de eternidad. La segunda manera de usar el arte es hacer que ennoblezca tu aventura, dando a tu seducción un tono elevado. Lleva a tus objetivos al teatro, la ópera, museos, lugares llenos de historia y ambiente. En sitios como ésos tu alma y la de tu blanco pueden vibrar en la misma onda espiritual. Claro que debes evitar obras de arte terrenales o vulgares, que llamarían la atención sobre tus intenciones. La obra de teatro, película o libro puede ser contemporáneo, y aun un poco crudo, siempre y cuando contenga un mensaje noble y se relacione con una causa justa. Incluso un movimiento político puede ser espiritualmente edificante. Recuerda ajustar tus señuelos espirituales al objetivo. Si éste es desenfadado y cínico, el paganismo o el arte será más productivo que el ocultismo o la piedad religiosa.

La espiritualidad, el amor de Dios, es una versión sublimada del amor sexual. El lenguaje de los místicos religiosos de la Edad Media está lleno de imágenes eróticas: la contemplación de Dios y lo sublime puede brindar una especie de orgasmo mental. No hay brebaje más seductor que la combinación de lo espiritual y lo sexual, lo encumbrado y lo vil. Cuando hables de asuntos espirituales, entonces, deja que tus miradas y presencia física insinúen sexualidad al mismo tiempo. Haz que la armonía del universo y la unión con Dios parezcan confundirse con la armonía física y la unión entre dos personas. Si puedes hacer que el final de tu seducción semeje una experiencia espiritual, aumentarás el placer físico y crearás una seducción con un efecto hondo y perdurable.

Símbolo: *Las estrellas en el cielo. Objeto de adoración durante siglos, y símbolo de lo sublime y lo divino. Al contemplarlas, nos distraemos momentáneamente de todo lo mundano y mortal. Sentimos ligereza. Eleva la mente de tus objetivos a las estrellas y no notarán lo que sucede aquí en la tierra.*

20

Combina el placer y el dolor

*El error más
grande en la seducción es
ser demasiado comedido. Tu amabilidad quizá sea encantadora al principio, pero pronto se volverá monótona; te
esmeras mucho en complacer, y pareces inse-
guro. En vez de agobiar a tus blancos con tu decencia, prueba infligirles algo de dolor. Atráelos
con una atención concentrada, y luego cambia de
dirección, pareciendo indiferente de pronto. Hazlos
sentir culpables e inseguros. Instiga incluso un rompimiento, sometiéndolos a un vacío y dolor que te
den margen para maniobrar; después, una reconciliación, una disculpa, el retorno a tu amabilidad de antes, hará que les tiemblen las
piernas. Cuanto más bajo llegues, más
alto ascenderás. Para aumentar la
carga erótica, crea la excitación del temor.*

CLAVES PARA LA SEDUCCIÓN

Cuanto más se complace en general, menos profundamente se complace.
STENDHAL, *Del amor*

Casi todos somos más o menos corteses. Aprendemos pronto a no decir a la gente lo que en verdad pensamos de ella; sonreímos ante sus bromas, nos fingimos interesados en sus historias y problemas. Ésta es la única manera de vivir con ella. Con el tiempo esto se vuelve un hábito; somos amables, aun cuando no sea realmente necesario. Tratamos de complacer a los demás, de no ofenderlos, para evitar desacuerdos y conflictos.

Pero aunque en un principio ser amable en la seducción podría atraerte a alguien (porque la cordialidad es tranquilizadora y reconfortante), pierde pronto todo su efecto. Ser demasiado amable puede alejar literalmente al objetivo de ti. La sensación erótica depende de la creación de tensión. Sin tensión, sin ansiedad y suspenso, no puede haber liberación, verdadero placer y satisfacción. Es tu deber crear esa tensión en el objetivo, estimular sensaciones de ansiedad, llevarlo de un lado a otro, para que la culminación de la seducción tenga peso e intensidad reales. Por tanto, abandona tu feo hábito de evitar el conflicto, lo que es en todo caso poco natural. Demasiado a menudo eres amable no por bondad interior, sino por temor a no complacer, por inseguridad. Rebasa ese temor y de súbito tendrás opciones: la libertad de causar dolor, y luego de disolverlo mágicamente. Tus facultades de seducción se multiplicarán por diez.

La gente se molestará por tus actos hirientes menos de lo que podrías imaginar. En el mundo actual, solemos sentir ansia de experiencia. Imploramos emociones, aun si son negativas. El dolor que provocas a tus objetivos, entonces, resulta vigorizante: los hace sentir más vivos. Tienen algo de que quejarse, pueden hacerse las víctimas. En consecuencia, una vez que hayas

"Sin duda", señalé, "he dicho a usted a menudo que el dolor posee un peculiar atractivo para mí,

convertido el dolor en placer, ellos te perdonarán. Provócales celos, hazlos sentir inseguros, y la ratificación que darás después a su ego prefiriéndolos sobre sus rivales será doblemente deliciosa. Recuerda: tienes más que temer del hecho de aburrir a tus blancos que de sacudirlos. Lastimar a la gente la une más a ti que la bondad. Si necesitas inspiración, busca la parte del objetivo que más te irrita y úsala como trampolín para un conflicto terapéutico. Entre más real, más efectiva será tu crueldad.

Hay algo tonificante en el temor. Te hace vibrar de sensaciones, agudiza tu conciencia, es impetuosamente erótico. Cuanto más te aproxime el ser amado al borde del precipicio, a la sensación de que puede abandonarte, más mareado y perdido estarás. Enamorarte significa literalmente caer: perder el control, una mezcla de temor y excitación.

Nunca permitas que tus blancos se sientan demasiado a gusto contigo. Deben sentir temor y ansiedad. Muéstrales un poco de frialdad, un brote de enojo que no esperaban. Sé irracional de ser necesario. Y en todo momento está la carta maestra: el rompimiento. Haz que sientan que te han perdido para siempre, que teman haber perdido el poder de encantarte. Deja que esas sensaciones se asienten en ellos un rato, y luego retíralos del precipicio. La reconciliación será intensa.

Muchos de nosotros, sin darnos cuenta, tenemos deseos masoquistas. Hace falta que alguien nos inflija un poco de dolor para que esos deseos hondamente reprimidos salgan a la superficie. Aprende a reconocer a los diversos tipos de masoquistas encubiertos que existen, porque cada cual disfruta de diferente clase de dolor. Por ejemplo, hay personas que no creen merecer nada bueno en la vida y que, incapaces de aceptar el éxito, se

y que nada enciende tanto mi pasión como la tiranía, la crueldad y sobre todo la infidelidad de una mujer hermosa."
LEOPOLD VON SACHER-MASOCH, *La Venus de las Pieles*

Oderint, dum metuant, odiarán mientras teman, se dice, como si el temor y el odio pudieran estar juntos y no pudieran estarlo el amor y el temor. ¿No se torna más interesante el amor allí donde comienza el temor? ¿No está el amor que tenemos por la naturaleza, quizá, mezclado con una secreta ansiedad? Pues su armonía procedió del caos salvaje; su seguridad de la desdicha de los elementos. Y es precisamente esta especie de aprensión lo que nos mantiene atados y unidos. Lo mismo debe ocurrir en el amor para que tenga valor: es una flor que nace de una noche profunda y espantosa.
SØREN KIERKEGAARD, *Diario de un seductor*

El terreno del erotismo es esencialmente el terreno de la violencia, de la violación. [...] Toda operación del erotismo tiene como fin alcanzar al ser en lo más íntimo, hasta el punto del desfallecimiento. [...] Toda la operación del erotismo es para destruir al personaje autocontenido de los participantes tal cual son en sus vidas cotidianas. [...] Nunca hemos de dudar que, a pesar de las promesas de felicidad que la acompañan, la pasión comienza introduciendo desavenencia y perturbación. Hasta la pasión feliz lleva consigo un desorden tan violento que la felicidad de la que aquí trata, más que una felicidad de la que se pueda gozar, es tan grande que es comparable con su contrario, el sufrimiento. [...] Las posibilidades de sufrir son tanto mayores cuanto que sólo el sufrimiento revela la entera satisfacción del ser amado.
GEORGES BATAILLE,
El erotismo

sabotean sin cesar. Sé amable con ellas, admite admirarlas, y se sentirán incómodas, porque no creen poder estar a la altura de la figura ideal con que evidentemente las asocias. Estos autosaboteadores se sienten mejor con un poco de castigo; regáñalos, hazles saber sus deficiencias. Creen merecer esas críticas; y cuando éstas se presentan, les procuran una sensación de alivio. También es fácil hacer sentir culpables a estas personas, experiencia que en el fondo disfrutan.

Para otros individuos, las responsabilidades y deberes de la vida moderna son una pesada carga, y quieren renunciar a todo. Estos individuos suelen buscar alguien o algo que adorar: una causa, una religión, un gurú. Haz que te adoren a ti. Y luego están las personas que gustan de hacerse las mártires. Reconócelas por la dicha que les da quejarse, sentirse rectas y equivocadamente juzgadas; luego, dales una razón para lamentarse. Recuerda: las apariencias engañan. Con frecuencia, las personas que parecen más fuertes desean en secreto ser castigadas. En todo caso, acompaña al dolor con placer y crearás un estado de dependencia que durará mucho tiempo.

Como seductor, debes hallar la manera de bajar esas resistencias. El método de halagos y atenciones del encantador puede ser eficaz en este caso, en particular con los inseguros, pero podría tardar meses en dar resultado, y también ser contraproducente. Para obtener efectos rápidos, y abordar a personas inaccesibles, suele ser mejor alternar dureza y suavidad. Al ser duro, generas tensiones internas; tus objetivos podrían molestarse contigo, pero también ellos se hacen preguntas. ¿Qué han hecho para merecer tu disgusto? Cuando más tarde te muestras suave, se sienten aliviados, aunque también preocupados de volver a enfadarte en cualquier momento. Haz uso de esta pauta para tener en suspenso a tus blancos: temerosos de tu dureza y ansiosos de mantenerte suave.

Por último, tu seducción nunca debe seguir un simple curso ascendente hacia el placer y la armonía. El clímax llegará demasiado pronto, y el placer será débil. Lo que nos hace apreciar algo intensamente es el sufrimiento previo. Un roce con la muerte nos hace enamorarnos de la vida; un largo viaje vuelve mucho más placentero el regreso a casa. Tu tarea es producir momentos de tristeza, desesperación y angustia, para crear la tensión que permita una gran liberación. No te preocupes si haces enojar a la gente; el enojo es señal infalible de que la tienes en tus garras. Ni temas que, si te haces el difícil, la gente huirá; sólo abandonamos a quienes nos aburren. El viaje al que llevas a tus víctimas puede ser tortuoso pero nunca insípido. A toda costa, mantén emocionados y en vilo a tus objetivos. Genera suficientes altas y bajas y borrarás los últimos vestigios de su fuerza de voluntad.

Símbolo: El precipicio. Al borde de un risco, la gente suele sentirse aturdida: temerosa y mareada. Por un momento puede imaginar que cae de cabeza. Al mismo tiempo, una parte de ella se ve tentada a eso. Acerca lo más posible a tus objetivos al borde, y luego retíralos. No hay emoción sin temor.

21

Dales la oportunidad de caer: el perseguidor perseguido

Si tus objetivos se acostumbran a que seas tú el agresor, pondrán poca energía de su parte, y la tensión disminuirá. Debes despabilarlos, invertir la situación. Una vez sometidos a tu hechizo, da un paso atrás y empezarán a seguirte. Comienza con un dejo de distanciamiento, una desaparición inesperada, la insinuación de que te aburres. Causa agitación fingiendo interesarte en otro. No seas explícito; que sólo lo sientan, y su imaginación hará el resto, creando la duda que deseas. Pronto querrán poseerte físicamente, y su compostura se evaporará. La meta es que caigan en tus brazos por iniciativa propia. Crea una ilusión de que se seduce al seductor.

CLAVES PARA LA SEDUCCIÓN

Omisiones, negativas, desviaciones, engaños, distracciones y humildad: todo destinado a provocar este segundo estado, el secreto de la verdadera seducción. La seducción vulgar quizá proceda por persistencia, pero la verdadera seducción procede por ausencia. [...] Es como el esgrima: se precisa de campo para la finta. Durante este periodo, el seductor [Johannes], lejos de buscar acercarse a ella, intenta mantener su distancia mediante varias estratagemas: no habla directamente con ella sino sólo con su tía, y entonces de temas triviales o absurdos; neutraliza todo con la ironía de una pedantería fingida; no reacciona a ningún movimiento femenino o erótico, e incluso le busca un pretendiente de opereta que la desencante y engañe, al punto en que ella misma toma la iniciativa y rompe su compromiso, completando así la seducción y creando la situación ideal para su total abandono.
JEAN BAUDRILLARD,
De la seducción

Dado que somos criaturas naturalmente obstinadas y testarudas, así como proclives a sospechar de los motivos de los demás, en el curso de la seducción es totalmente natural que tu objetivo se te resista de alguna manera. Es raro que la seducción sea fácil o sin reveses. Pero una vez que tu víctima vence alguna de sus dudas y empieza a caer bajo tu hechizo, llegará un momento en que comenzará a soltarse. Quizá sienta que tú la llevas, pero lo disfruta. A nadie le gustan las cosas complicadas y difíciles, y tu objetivo esperará que la conclusión llegue rápido. Éste es el momento en que debes aprender a contenerte. Brinda el clímax placentero que él tan codiciosamente aguarda, sucumbe a la tendencia natural a dar pronto fin a la seducción, y perderás la oportunidad de incrementar la tensión, de caldear aún más la aventura. Después de todo, no buscas una víctima menuda y pasiva con quien jugar; quieres que el seducido comprometa con todas sus fuerzas su voluntad, se convierta en participante activo en la seducción. Deseas que te persiga, y que, entre tanto, caiga irremediablemente atrapado en tu telaraña. La única forma de lograr esto es dar marcha atrás y provocar ansiedad.

Anteriormente ya te habías distanciado por motivos estratégicos (véase capítulo 12), pero esto es distinto. El objetivo ya se ha enamorado de ti, y tu retraimiento dará lugar a ideas precipitadas: pierdes interés, en cierto modo es culpa suya, tal vez se deba a algo que hizo. En vez de pensar que los rechazas, tus objetivos querrán hacer otra interpretación; pues si la causa del problema es algo que ellos hicieron, podrán recuperarte si cambian de conducta. Si sencillamente tú los rechazaras, por el contrario, ellos no tendrían ningún control. La gente siempre quiere preservar la esperanza. Entonces te buscará, tomará la iniciativa, pensando que eso dará resultado. Ella elevará la temperatura erótica. Comprende: la voluntad de una persona se relaciona directamente con su libido, su deseo erótico. Cuando tus víctimas te esperan pasivamente, su nivel erótico es bajo. Cuando se vuelven perseguidoras, involucrándose en el proceso, hirviendo de tensión y ansiedad, la temperatura aumenta. Auméntala entonces tanto como puedas.

Cuando te retraigas, hazlo con sutileza; la intención es infundir inquietud. Tu frialdad o distancia saltará a la vista de tus objetivos cuando estén solos, en forma de duda ponzoñosa que se filtrará en su mente. Su paranoia se volverá autogeneradora. Tu retroceso sutil hará que quieran poseerte, así que se arrojarán voluntariamente a tus brazos sin que los presiones. Esto es diferente a la estrategia del capítulo 20, en la que infliges heridas profundas, creando una pauta de dolor y placer. En ese caso la meta es volver a tus víctimas débiles y dependientes; en éste, activas y enérgicas. Qué estrategia preferirás (es posible combinarlas) dependerá de lo que desees y de las proclividades de tu víctima.

Cada género tiene sus propios señuelos seductores, que le son naturales. El hecho de que le intereses a alguien pero no respondas sexualmente es perturbador, y plantea un reto: encontrar la manera de seducirte. Para producir este efecto, revela primero interés en tus objetivos, por medio de cartas o insinuaciones sutiles. Pero cuando estés en su presencia, asume una especie de neutralidad asexual. Sé amigable, incluso cordial, pero nada más. Los empujarás así a armarse de los encantos seductores naturales de su sexo, justo lo que tú deseas.

Me retraigo, y entonces le enseño a ella a ser victoriosa al perseguirme. Retrocedo sin cesar, y en este movimiento hacia atrás le enseño a conocer a través de mí todos los poderes del amor erótico, sus turbulentas ideas, su pasión, lo añorante que es, y la esperanza, y la expectación impaciente.
SØREN KIERKEGAARD,
Diario de un seductor

En las etapas avanzadas de la seducción, deja sentir a tus objetivos que te interesa otra persona, lo cual es otra forma de dar marcha atrás. Cuando Napoleón Bonaparte conoció a la joven viuda Josefina de Beauharnais en 1795, le excitaron su exótica belleza y las miradas que le dirigía. Empezó a asistir a sus *soirées* semanales y, para su deleite, ella ignoraba a los demás hombres y permanecía a su lado, escuchándolo con atención. Se descubrió enamorándose de Josefina, y tenía todas las razones para creer que ella sentía lo mismo.

Luego, en una *soirée*, ella se mostró amigable y atenta, como de costumbre, salvo que fue igualmente amigable con otro hombre, un aristócrata de otro tiempo —como la propia Josefina—, el tipo de hombre con quien Napoleón jamás podría competir en modales e ingenio. Dudas y celos empezaron a bullir. Como militar, Napoleón conocía el valor de pasar a la ofensiva; y tras varias semanas de campaña rápida y agresiva, la tuvo para él solo, y finalmente se casó con ella. Claro que Josefina, como astuta seductora, lo había preparado todo. No dijo que otro hombre le interesara, sino que su mera presencia en su casa, una mirada aquí y allá, gestos sutiles, dieron la impresión. No existe manera más eficaz de dar a entender que tu deseo disminuye. Pero hacer demasiado obvio tu interés en otra persona podría resultar contraproducente. Esta situación no se presta a que parezcas cruel; los efectos que persigues son duda y ansiedad. Tu posible interés en otro debe ser apenas perceptible a simple vista.

Una vez que alguien se ha enamorado de ti, toda ausencia física producirá inquietud. Literalmente, abres espacio. Tus ausencias en este avanzado momento de la seducción deben parecer al menos un tanto justificadas. No insinúes distanciamiento franco, sino una ligera duda: quizás habrías podido hallar una razón para quedarte, quizá estés perdiendo interés, tal vez hay alguien más. En tu ausencia, el aprecio de la víctima por ti aumentará. Olvidará tus defectos, perdonará tus faltas. En cuanto vuelvas, saldrá en pos de ti, como tú quieres. Será como si hubieras regresado de entre los muertos.

De acuerdo con el psicólogo Theodor Reik, aprendemos a amar únicamente por medio del rechazo. Cuando niños, nuestra madre nos colma de amor; no sabemos nada más. Pero cuando crecemos, empezamos a sentir que su amor no es incondicional. Si no nos portamos bien, si no la complacemos, ella puede retirarlo. La idea de que retirará su afecto nos llena de ansiedad y, al principio, de furia; ya verá, haremos un berrinche. Pero esto nunca funciona, y poco a poco nos damos cuenta de que la única manera de impedir que ella vuelva a rechazarnos es imitarla: ser cariñosos, buenos y afectuosos como ella. Esto la unirá a nosotros muy profundamente. Esta pauta queda impresa en nosotros por el resto de nuestra vida; al experimentar rechazo o frialdad, aprendemos a cortejar y perseguir, a amar.

Recrea esta pauta primaria en tu seducción. Primero colma de afecto a tus objetivos. No tendrán muy clara la causa, pero experimentarán una sensación divina, y no querrán perderla. Cuando ésta desaparezca, en tu retroceso estratégico, tendrán momentos de ansiedad y enojo, quizá hagan un berrinche, y luego surgirá la misma reacción infantil: la única forma de recuperarte, de asegurarte, será invertir la pauta, imitarte, ser los afectuosos, los que dan. Es el terror al rechazo lo que invierte la situación.

A menudo, esta pauta se repetirá naturalmente en un romance o relación. Una persona se muestra fría, la otra la persigue, luego se muestra fría a su vez, lo que convierte a la primera en perseguidora, y así sucesivamente. Como seductor, no dejes esto al azar. Haz que suceda. Enseñas a la otra persona a ser seductora, justo como la madre enseñó a su manera al hijo a corresponder a su amor retrocediendo. Por tu bien, aprende a disfrutar esta inversión de roles. No te limites a jugar a ser el perseguido; disfrútalo, entrégate a ello. El placer de que tu víctima te persiga puede sobrepasar con frecuencia la emoción de la caza.

Símbolo: *La granada. Cuidadosamente cultivada y atendida, empieza a madurar. No la recojas muy pronto ni la desprendas del tallo; estará dura y amarga. Deja que gane peso y jugo, y retrocede: caerá por sí sola. Su pulpa es entonces más deliciosa.*

22

Usa señuelos físicos

Los objetivos de mente ac-
tiva son peligrosos: si entrevén tus
manipulaciones, podrían tener súbitas
dudas. Pon a descansar su mente poco a
poco y despierta sus durmientes sentidos
combinando una actitud no defensiva
con una presencia sexual apasiona-
da. Mientras tu aire sereno y des-
preocupado reduce sus inhibiciones,
tus miradas, voz y modales —des-
bordantes de sexo y deseo— les cris-
parán los nervios y elevarán la tem-
peratura. No fuerces nunca el contacto
físico; en cambio, contagia de ardor a tus
blancos, hazles sentir apetito carnal.
Condúcelos al momento: un presente in-
tenso en el que la moral, el juicio y la
preocupación se derritirán por igual
y el cuerpo sucumbirá al placer.

CLAVES PARA LA SEDUCCIÓN

CÉLIE: ¿Qué es el momento y cómo lo define? Porque debo decir con toda honestidad que no le comprendo. • EL DUQUE: Cierta disposición de los sentidos, tan inesperada como involuntaria, que una mujer puede ocultar, pero que, de ser percibida o intuida por alguien capaz de beneficiarse de ella, la pone en el extremo peligro de estar un poco más dispuesta de lo que cree que debería o podría estar. CRÉBILLON, HIJO, El azar al amor de la lumbre

Cuando entorno los ojos bajo el sol otoñal / Y respiro el aroma de tu cálido seno, / Ante mí se perfilan felices litorales / Que deslumbran los fuegos de un implacable sol. / Una isla perezosa donde Naturaleza / Produce árboles únicos y frutos sabrosísimos, / Hombres que ostentan cuerpos ágiles y delgados / Y mujeres con ojos donde pinta el asombro. / Guiado por tu aroma

Hoy más que nunca, nuestra mente se halla en un estado de constante distracción, bombardeada por información interminable, proveniente de todas direcciones. Muchos de nosotros advertimos el problema: se escriben artículos, se hacen estudios, pero se convierten simplemente en más información por asimilar. Es casi imposible desactivar una mente febril: el solo intento detona más ideas, una inescapable casa de espejos. Quizá recurrimos al alcohol, las drogas, la actividad física, cualquier cosa que nos ayude a que la mente afloje el paso, a estar más presentes en el momento. Nuestra insatisfacción ofrece al seductor hábil oportunidades infinitas. Las aguas en torno tuyo abundan en personas que buscan algún tipo de liberación de la sobrestimulación mental. El atractivo del placer físico sin cargas les hará morder el anzuelo, pero mientras rondas las aguas, comprende: la única manera de relajar una mente distraída es hacer que se concentre en una cosa. Un hipnotista pide a un paciente concentrarse en un reloj oscilante. Una vez que el paciente se concentra, la mente se relaja, los sentidos despiertan, el cuerpo se vuelve propenso a toda clase de novedosas sensaciones y sugestiones. Como seductor, eres un hipnotista, y haces que el objetivo se concentre en ti.

A lo largo del proceso de la seducción has ido llenando la mente del objetivo. Cartas, recuerdos, experiencias compartidas te mantienen constantemente presente, aun cuando no estés ahí. Al pasar ahora a la parte física de la seducción, debes ver más a menudo a tus objetivos. Tu atención debe volverse más intensa. Cuanto más piensen ellos en ti, menos se distraerán en ideas de trabajo y deber. Cuando la mente se concentra en una cosa, se relaja; y en esas condiciones, todas las pequeñas ideas paranoicas a las que nos inclinamos —"¿De verdad me quieres?", "¿Soy suficientemente inteligente o guapo?", "¿Qué me depara el futuro?"— desaparecen de la superficie. Recuerda: todo empieza en ti. No te distraigas, está presente en el momento, y tu objetivo te seguirá. La intensa mirada del hipnotista produce una reacción similar en el paciente.

Una vez que la mente febril del objetivo empieza a serenarse, sus sentidos cobrarán vida, y tus señuelos físicos duplicarán su poder. Tenderás a emplear señuelos físicos que actúen principalmente sobre los ojos, el sentido del que más dependemos en la cultura actual. Las apariencias son críticas, pero tú persigues una agitación general de los sentidos. Los sentidos están interrelacionados: una apelación al olfato detonará el tacto, una al tacto detonará la vista; el contacto casual o "accidental" —es mejor un roce de la piel que algo más enérgico de inmediato— provocará una sacudida y activará los ojos. Modula sutilmente la voz, hazla más lenta y grave. Vivos, los sentidos desplazarán las ideas racionales.

Durante la seducción, habrás tenido que contenerte, intrigar y frustrar a tu víctima. Tú también te habrás frustrado con ello, y estarás que no te aguantas. Una vez que sientas que el objetivo se ha enamorado de ti y no puede retroceder, deja que esos deseos frustrados corran por tu sangre y te hagan entrar en calor. El deseo sexual es contagioso. Tu vehemencia se transmitirá a él, y arderá a su vez.

El seductor lleva a su víctima a un punto en que ésta exhibe señales involuntarias de excitación física que pueden advertirse en varios síntomas. Una vez detectadas estas señales, el seductor debe trabajar rápidamente, aplicando presión al objetivo para que se pierda

hacia mágicos climas / Veo un puerto colmado de velas y de mástiles / Todavía fatigados del oleaje marino, / Mientras del tamarindo el ligero perfume, / Que circula en el aire y mi nariz dilata, / En mi alma se mezcla al canto marinero.
CHARLES BAUDELAIRE, "Perfume exótico", *Las flores del mal*

Un dulce desorden en el vestir / enciende en la ropa una indecencia: / pasto en los hombros se convierte / en excelente distracción / un encaje errante, que aquí y allá/ cautiva al peto carmesí; / un puño negligente, y entonces cintas que fluyen confusas; / un pliegue encantador (digno de nota) / en el fondo tempestuoso; / una agujeta descuidada, en cuyo nudo veo / una cortesía salvaje, / me embrujan más que cuando el arte / es demasiado preciso en todo.
ROBERT HERRICK, "Deleite en el desorden"

en el momento: el pasado, el futuro, todos los escrúpulos morales desvanecidos en el aire. En cuanto tus víctimas se pierden en el momento, todo se ha consumado: su mente, su conciencia, ya no las contienen. El cuerpo cede al placer.

Al llevar a tus víctimas al momento, recuerda algunas cosas. Primero, un aspecto desordenado (el cabello revuelto, el vestido arrugado) ejerce mayor efecto en los sentidos que una apariencia pulcra. Sugiere la recámara. Segundo, debes estar alerta a las señales de excitación física. Sonrojamiento, temblor de la voz, lágrimas, una risa inusualmente enérgica, movimientos de relajación del cuerpo (cualquier tipo de reflejo involuntario, pues el blanco imita tus gestos), un revelador *lapsus linguae*: éstos son signos de que la víctima se desliza hacia el momento, y de que ha de aplicarse tensión.

La seducción, como la guerra, suele ser un juego de distancia y aproximación. Al principio sigues a tu enemigo a cierta distancia. Ya caldeada la víctima, acorta rápidamente la distancia, pasando al combate cuerpo a cuerpo, en el que no das al enemigo margen para retirarse, ni tiempo para pensar o considerar la posición en que lo has colocado. Para eliminar aquí el elemento de temor, sírvete de halagos, haz que el objetivo se sienta más masculino o femenino, elogia sus encantos. Es culpa *suya* que hayas procedido al contacto físico y tomado la iniciativa. No hay mayor atractivo físico que hacer que el objetivo se sienta tentador.

La actividad física compartida —nadar, bailar, velear— es un señuelo excelente. En medio de esa actividad, la mente se desconecta y el cuerpo opera de acuerdo con sus propias leyes. El cuerpo del objetivo seguirá tu ejemplo, será reflejo de tus movimientos, tan lejos como quieras llevarlo.

En el momento, todas las consideraciones morales se desvanecen y el cuerpo vuelve a un estado de inocencia. Puedes crear parcialmente esa sensación mediante una actitud desenfadada. Cuando llegue el momento de volver física la seducción, prepárate para liberarte de tus inhibiciones, tus dudas, tus persistentes sensaciones de culpa y ansiedad. Tu seguridad y serenidad tendrán más poder para contagiar a tu víctima que todo el alcohol que puedas aplicar. Exhibe ligereza de espíritu: nada te molesta, nada te amilana, no tomas nada en forma personal. No hables de trabajo, deber, matrimonio, pasado o futuro. Muchos otros lo harán. No te preocupes por lo que la gente piense de ti; no juzgues de ningún modo a tu objetivo. Lo atraes a una aventura, libre de las restricciones de la sociedad y de juicios morales. Contigo, él puede cumplir una fantasía, lo que para muchos podría ser la oportunidad de ser enérgicos o transgresores, de experimentar peligro. Así que libérate de tu tendencia a moralizar y juzgar. Has atraído a tus objetivos a un momentáneo mundo de placer, suave y acogedor, sin reglas ni tabúes.

Símbolo: La balsa. Flotando al mar, dejándose llevar por la corriente. La costa desaparece pronto, y los dos están solos. El agua te invita a olvidar toda preocupación e inquietud, a sumergirte. Sin ancla ni dirección, dependiendo del pasado, abandónate a la sensación de la deriva y pierde lentamente toda compostura.

23
Domina el arte de la acción audaz

Ha llegado el momento
especial: tu víctima te desea sin duda alguna, pero no está dispuesta a admitirlo con franqueza,
y mucho menos a consentirlo. Es hora de dejar de lado la
caballerosidad, la amabilidad y la coquetería y desarrollar
una acción audaz. No des tiempo a la víctima de pensar en las
consecuencias: genera conflicto, provoca tensión, para que la
acción audaz sea una gran liberación. Exhibir vacilación o
torpeza indicará que piensas en ti, no que estás abrumado por
los encantos de la víctima. Jamás te contengas ni dejes al objetivo a medio camino, en la creencia de que eres correcto y
considerado; es momento de ser seductor, no político. Alguien debe pasar a la ofensiva, y ése eres tú.

CLAVES PARA LA SEDUCCIÓN

Cuanta mayor timidez exhibe ante nosotras un amante, más a orgullo nos tomamos acosarlo; cuanto mayor respeto tenga a nuestra resistencia, más respeto exigiremos de él. Digamos por voluntad propia a los hombres: "¡Ah, por piedad, no nos crean tan virtuosas! Nos obligan a serlo en exceso".
NINON DE L'ENCLOS

Concibe la seducción como un mundo al que entras, un mundo separado y distinto al real. Las reglas son diferentes ahí; lo que da resultado en la vida diaria podría tener el efecto opuesto en la seducción. El mundo real brinda un impulso democratizador, igualador, en el que todo tiene que parecer al menos relativamente igual. Un desequilibrio expreso de poder, un franco deseo de poder, provocarán envidia y resentimiento; aprendemos a ser buenos y corteses, cuando menos en la superficie. Aun quienes tienen poder tratan generalmente de actuar con humildad y modestia; no quieren ofender. En la seducción, por otra parte, puedes prescindir de todo eso, deleitarte en tu lado oscuro, infligir un poco de dolor; en cierto sentido, ser más tú mismo. Tu naturalidad a este respecto resultará de suyo seductora. El problema es que tras años de vivir en el mundo real, perdemos la capacidad de ser nosotros mismos. Nos volvemos tímidos, humildes, excesivamente corteses. Tu tarea es recuperar algunas de tus cualidades infantiles, erradicar toda esa falsa humildad. Y la cualidad más importante por recobrar es la audacia.

Nadie nace tímido, la timidez es una protección que desarrollamos. Si nunca nos arriesgamos, si nunca probamos, jamás tendremos que sufrir las consecuencias del fracaso o el éxito. Si somos buenos y discretos, nadie resultará ofendido; de hecho, pareceremos santos y agradables. Pero la verdad es que las personas tímidas suelen estar ensimismadas, obsesionadas con la forma en que la gente las ve, y no ser en absoluto santas. Además, la humildad puede tener usos sociales, pero es mortífera en la seducción. A veces debes ser capaz de pasar por santo y humilde; esta máscara te será útil.

Pero en la seducción, quítatela. La audacia es vigorizante, erótica y absolutamente necesaria para llevar la seducción hasta su conclusión.

Bien hecho, esto indicará a tus objetivos que te han forzado a perder tu natural compostura, y los autorizará a hacerlo también. La gente anhela tener la oportunidad de ejercer los lados reprimidos de su personalidad. En la última etapa de la seducción, la audacia elimina toda duda o torpeza.

Al bailar, no es posible que las dos personas lleven. Una toma a la otra, la conduce. La seducción no es igualitaria; no es una convergencia armónica. Contenerse al final por temor a ofender, o por pensar que lo correcto es compartir el poder, llevará al desastre. Éste no es espacio para la política, sino para el placer. Ya sea que lo ejecute la mujer o el hombre, se requiere de un acto audaz. Si te preocupa tanto la otra persona, consuélate con la idea de que el placer de quien se rinde suele ser mayor que el del agresor.

La acción audaz debe llegar como una grata sorpresa, aunque no del todo inesperada. Aprende a interpretar las señales de que el objetivo está enamorado de ti. Su actitud contigo habrá cambiado —será más flexible, reflejará más palabras y gestos tuyos—, pero aún habrá en él un dejo de nerviosismo e incertidumbre. En su interior se ha entregado a ti, pero no espera un acto audaz. Éste es el momento de atacar. Si aguardas demasiado, al punto de que él desee y espere conscientemente que actúes, la sorpresa perderá interés. Debes crear cierto grado de tensión y ambivalencia, para que el acto represente una magnífica liberación. La rendición de tu objetivo liberará tensión como una tormenta de verano largamente esperada. No planees tu acto osado; esto no puede calcularse. Espera el momento oportuno.

Un hombre debe proceder a gozar de una mujer cuando ella le dé una oportunidad y ponga de manifiesto su amor por él con los siguientes signos: que lo llame sin antes ser abordada por él; que se muestre ante él en lugares secretos; que hable con él con voz temblorosa y forma inarticulada; que su rostro irradie deleite y sus dedos de las manos o los pies transpiren, y, en ocasiones, que ponga ambas manos sobre el cuerpo de él como sorprendida por algo o vencida por la fatiga. • Luego de que una mujer ha manifestado su amor por él mediante signos externos, y los movimientos de su cuerpo, el hombre debe hacer todas las tentativas posibles por conquistarla. No debe haber indecisión ni titubeo: de existir una brecha, el hombre debe obtener el mayor provecho de ella. A la mujer, en efecto, le disgusta el hombre tímido con sus oportunidades y que las desperdicia. El arrojo es la regla, porque todo está por ganarse, sin pérdida de nada.
El arte hindú de amar, recopilación y edición de EDWARD WINDSOR

Está atento a las circunstancias favorables. Esto te dará margen para improvisar y dejarte llevar por el momento, lo que intensificará la impresión que quieres dar de haber sido súbitamente desbordado por el deseo. Si en algún momento percibes que la víctima espera la acción audaz, da marcha atrás, atráela a una falsa sensación de seguridad, y luego ataca.

Tu acción audaz debe poseer una cualidad teatral. Eso la volverá memorable, y hará que tu agresividad parezca placentera, parte del drama. La teatralidad puede proceder del escenario: un lugar exótico o sensual. También puede provenir de tus actos. Un elemento de temor —alguien podría encontrarlos, por ejemplo— agudizará la tensión. Recuerda: creas un momento que debe distinguirse de la monotonía de la vida diaria.

Mantener emocionados a tus objetivos los debilitará, y acentuará al mismo tiempo el drama del momento. Y la mejor manera de mantener un tono emotivo es contagiar a tus blancos de tus emociones. La gente es muy susceptible a los estados de ánimo de quienes la rodean; esto es particularmente agudo en las etapas avanzadas de la seducción, cuando la resistencia es mínima y el objetivo ha caído bajo tu hechizo. Al momento del acto audaz, aprende a contagiar a tus objetivos de las emociones que requieras, en oposición a sugerir ese ánimo con palabras. Debes tener acceso a su inconsciente, lo que se consigue mejor contagiando emociones, eludiendo la capacidad consciente de resistencia.

Se podría esperar que sean los hombres quienes ejecuten el acto audaz, pero la historia está repleta de mujeres osadas. Son dos las principales formas de la audacia femenina. En la primera, y más tradicional, la coqueta despierta el deseo masculino, está completamente al mando, y a última hora, tras hacer hervir a su víctima, retrocede y permite que éste realice el acto audaz. La mujer prepara todo, y después indica con los ojos, con sus gestos, que está lista para él. Las cortesanas han usado este método a todo lo largo de la historia. De este modo, el hombre mantiene sus ilusiones masculinas, aunque la mujer es en realidad quien toma la iniciativa.

La segunda forma de audacia femenina no se molesta con tales ilusiones: la mujer sencillamente asume el mando, inicia el primer beso, se abalanza sobre su víctima. Muchos hombres no juzgan esto en absoluto castrante, sino excitante. Todo depende de las inseguridades e inclinaciones de la víctima. Este tipo de audacia femenina tiene su atractivo, porque es más raro que el primero, pero en realidad toda audacia es extraña. Un acto intrépido siempre destacará en comparación con el trato usual concedido por el tibio marido, el amante tímido, el pretendiente vacilante. Mejor para ti. Si todos fuéramos osados, la osadía perdería pronto todo su encanto.

Símbolo: *La tormenta de verano. Se suceden los días calurosos, sin fin a la vista. La tierra está agostada y seca. Aparece entonces en el aire una quietud, densa y opresiva: la calma previa a la tormenta. De pronto hay ráfagas de viento, y rayos, intensos, alarmantes. Sin dar tiempo a reaccionar ni refugiarse, llega la lluvia, y trae consigo una sensación de liberación. Al fin.*

24

Cuídate de las secuelas

El   peli-
gro se cuenta entre las
repercusiones de una seducción satis-
factoria. Una vez llegadas a un extremo, las
emociones suelen oscilar en la dirección opuesta, ha-
cia la lasitud, la desconfianza y la desilusión. Cuídate de
una larga, interminable despedida; insegura, la víctima se
aferrará, y los dos sufrirán. Si vas a romper, haz el sacrificio
rápida y repentinamente. De ser necesario, rompe deliberada-
mente el encanto que has creado. Si vas a permanecer en una
relación, guárdate del decaimiento del empuje, la reptante
familiaridad que estropeará la fantasía. Si el juego debe
continuar, se impone una segunda seducción. Jamás
permitas que la otra persona deje de valorarte:
sírvete de la ausencia, crea aflicción y
conflicto, mantén en ascuas al
seducido.

DESENCANTO

La seducción es una especie de hechizo, un *encanto*. Cuando seduces, no eres el de costumbre; tu presencia se intensifica, desempeñas más de un papel, ocultas por estrategia tus tics e inseguridades. Deliberadamente has creado misterio y suspenso para que la víctima experimente un drama real. Bajo tu hechizo, el seducido llega a sentirse transportado, lejos del mundo del trabajo y la responsabilidad.

Mantendrás esto en marcha mientras quieras o puedas, incrementando la tensión, despertando emociones, hasta que llegue el momento de completar la seducción. Después, es casi inevitable que aparezca el *desencanto*. A la liberación de tensión le sigue un descenso —de excitación, de energía— que incluso podría materializarse con una suerte de repugnancia de tu víctima hacia ti, aunque lo que sucede sea en realidad un hecho emocional natural. Es como si el efecto de una droga pasara, permitiendo al objetivo verte como eres, y desilusionarse con los defectos que inevitablemente hay ahí. Por tu parte, es probable que tú también hayas tendido a idealizar un tanto a tus objetivos; y una vez satisfecho tu deseo, podrías considerarlos débiles. (Después de todo, se entregaron a ti.) Asimismo, podrías sentirte decepcionado. Aun en las mejores circunstancias, en este momento haces frente a la realidad, no a la fantasía, y las llamas se extinguirán poco a poco, a menos que emprendas una segunda seducción.

Tal vez creas que, si la víctima será sacrificada, nada de esto importa. Pero a veces tu empeño en romper la relación reparará inadvertidamente el encanto para la otra persona, lo que provocará que se aferre a ti con tenacidad. No, en cualquier dirección —sacrificio, o integración de ambos como pareja— debes tomar en cuenta el desencanto. También hay un arte para la poseducción.

Domina las siguientes tácticas para evitar secuelas indeseadas.

Combate la inercia. La sensación de que te esfuerzas menos suele bastar para desencantar a tus víctimas. Al reflexionar en lo que hiciste durante la seducción, te considerarán manipulador: querías algo entonces, y trabajaste en eso, pero ahora lo das por descontado. Concluida la primera seducción, entonces, indica que en realidad no ha terminado; que deseas seguir demostrando de lo que eres capaz, centrando tu atención en tus víctimas, atrayéndolas.

Con frecuencia la mejor manera de mantenerlas encantadas es la intermitente inyección de drama. Esto puede ser doloroso: abrir viejas heridas, provocar celos, causar cierto distanciamiento. Pero, por otra parte, también puede ser agradable: piensa en volver a demostrar tu valía, prestar atención a hermosos detalles, crear nuevas tentaciones. De hecho, deberías mezclar ambos aspectos, porque demasiado dolor o placer no resultará seductor. No repites la primera seducción, porque el objetivo ya se ha rendido. Simplemente aportas pequeñas sacudidas, pequeñas llamadas de alerta que indican que no has dejado de experimentar y que él no puede darte por descontado. La pequeña sacudida agitará el antiguo veneno, removerá las brasas, te devolverá temporalmente al comienzo, cuando tu relación tenía una frescura y tensión más gratas. Jamás te fíes de tus encantos físicos; aun la belleza pierde su atractivo si se le exhibe en forma repetida. Sólo la estrategia y el esfuerzo vencerán a la inercia.

Mantén el misterio. La familiaridad es la muerte de la seducción. Si el objetivo sabe todo sobre ti, la relación obtiene cierto nivel de confort pero pierde los elementos de la fantasía y la ansiedad. Sin ansiedad y un dejo de temor, la tensión erótica desaparece. Recuerda: la realidad no es seductora. Conserva algunos rincones oscuros en tu carácter, frustra expectativas, usa las ausencias para destruir el pegajoso y posesivo impulso que permite a la familiaridad filtrarse.

Sintiendo que el encanto se ha roto, algunos blancos podrían optar por otro hombre o mujer cuya novedad les parezca excitante y poética. No les hagas el juego quejándote o compadeciéndote. Esto no haría sino aumentar su desencanto natural una vez terminada la seducción. En cambio, haz que vean que no eres lo que imaginaron. Vuelve un juego delicioso el hecho de desempeñar nuevos papeles, sorprenderlos, ser una fuente interminable de entretenimiento. Exagera las partes de tu carácter que les parecen deleitosas, pero nunca les hagas sentir que te conocen bien.

Mantén la ligereza. La seducción es un juego, no cuestión de vida o muerte. En la fase "post" se tiende a tomar las cosas más en serio y en forma más personal, y a emitir quejas de la conducta que desagrada. Combate esto lo más posible, porque creará justo el efecto que no deseas. No controlarás a la otra persona fastidiándola y quejándote; esto la pondrá a la defensiva, y exacerbará el problema. Tendrás más control si mantienes el espíritu apropiado. Tu picardía, las pequeñas bromas que empleas para complacerlas y deleitarlas, tu tolerancia a sus faltas volverán a tus víctimas complacientes y fáciles de manejar. Nunca intentes hacerlas cambiar; en vez de ello, indúcelas a seguir tu ejemplo.

Evita el lento desgaste. A menudo, una persona se de-
sencanta pero no tiene el valor de romper. En cambio, se
retrae. Al igual que una ausencia, este retraimiento psicológico puede reenceder inadvertidamente el deseo de
la otra persona, e iniciar un frustrante ciclo de persecu-
ción y repliegue. Todo se viene abajo, lentamente. Una
vez que te desencantes y sepas que todo acabó, termina rápidamente, sin disculparte. Esto sólo ofendería a la
otra persona. Una separación rápida suele ser más fácil
de superar; es como si tuvieras problemas para ser fiel,
en lugar de sentir que el seducido ha dejado de ser deseable. Una vez verdaderamente desencantado, no hay
vuelta atrás, así que no te aferres a una falsa piedad.

La larga y perdurable muerte de una relación no sólo
causará a tu pareja innecesario dolor, sino que también
tendrá consecuencias a largo plazo para ti, pues te volverá mucho más voluble en el futuro y te agobiará de
culpas. Jamás te sientas culpable, aun si fuiste el seductor y el desencantado. No es culpa tuya. Nada puede durar para siempre. Diste placer a tus víctimas, y las
sacaste de su rutina. Si rompes limpia y rápidamente, a
la larga te lo agradecerán. Entre más te disculpes, más
ofenderás su orgullo, produciendo sentimientos nega-
tivos que reverberarán durante años. Ahórrales las ex-
plicaciones insinceras que sólo complican las cosas. La
víctima debe ser sacrificada, no torturada.

Si romper con la víctima es demasiado complicado
o difícil (o no tienes valor para hacerlo), inclínate por
la opción óptima que le sigue: rompe deliberadamente el encanto que la ata a ti. El distanciamiento o enojo sólo agudizará su inseguridad, lo que producirá un
horror de aferramiento. En cambio, trata de sofocarla
con amor y atención: aférrate y sé posesivo tú mismo,
fantasea con cada acto y rasgo de carácter del amante,

crea la sensación de que este monótono afecto durará para siempre. No más misterio, no más coquetería, no más retraimiento: sólo amor interminable. Pocos pueden soportar esta amenaza. Unas semanas de esto y se marcharán.

RESEDUCCIÓN

Una vez que has seducido a una persona, casi siempre hay una pausa, una ligera decepción, que a veces conduce a una separación; es sorprendentemente fácil, sin embargo, reseducir al mismo objetivo. Los antiguos sentimientos nunca desaparecen, permanecen latentes, y en un instante puedes tomar a tu blanco por sorpresa.

Es un raro placer poder revivir el pasado, y la juventud propia: sentir las viejas emociones. Da un toque dramático a tu reseducción: revive las antiguas imágenes, los símbolos, las expresiones que incitarán la memoria. Tus objetivos tenderán a olvidar lo desagradable de la separación y sólo recordarán lo bueno. Haz esta segunda seducción en forma rápida y atrevida, para no dar a tus blancos tiempo para reflexionar o hacerse preguntas. Explota el contraste con su amante del momento, haciendo parecer su conducta tímida y pesada en comparación.

Si quieres reseducir a alguien, elige a quienes no conoces muy bien, cuyos recuerdos de ti sean más limpios, quienes sean menos desconfiados por naturaleza y que se sientan insatisfechos con sus circunstancias presentes. De igual forma, tal vez debas dejar pasar un poco de tiempo. El tiempo restaurará tu lustre y desvanecerá tus faltas. Nunca veas una separación o sacrificio como definitivo. Con un poco de drama y planeación, una víctima puede ser recuperada en un dos por tres.

Símbolo:

*Brasas, los restos de la ho-
guera a la mañana siguiente. Aban-
donadas a sí mismas, las brasas se extinguirán poco a poco. No des al fuego oportunidad
ni elementos. Para apagarlo, ahógalo, sofócalo, no
le des con qué nutrirse. Para concederle nueva vida,
anímalo, aliméntalo, hasta que las llamas resurjan. Sólo tu
constante atención y vigilancia lo mantendrán ardiendo.*

Bibliografía selecta

Baudrillard, Jean, *Seduction*, traducción de Brian Singer, St. Martin's Press, New York, 1990. [Versión en español: *De la seducción*, Cátedra, Madrid, 1989.]

Bourdon, David, *Warhol*, Harry N. Abrams, Inc., New York, 1989. [Versión en español: *Warhol*, Anagrama Editorial, Barcelona, 1989.]

Capellanus, Andreas, *Andreas Capellanus on Love*, traducción de P. G. Walsh, Gerald Duckworth & Co. Ltd., London, 1982.

Casanova, Jacques, *The Memoirs of Jacques Casanova*, 8 vols., traducción de Arthur Machen, Limited Editions Club, Edinburgh, 1940. [Versión en español: *Memorias*, Al Borak, Madrid, 1973.]

Chalon, Jean, *Portrait of a Seductress: The World of Natalie Barney*, traducción de Carol Barko, Crown Publishers, Inc., New York, 1979. [Versión en español: *Natalie Barney: Retrato de una seductora*, Institució Alfons el Magnànim, Valencia, 2006.]

Cole, Hubert, *First Gentleman of the Bedchamber: The Life of Louis-François Armand, Maréchal Duc de Richelieu*, Viking, New York, 1965.

Feher, Michel, ed., *The Libertine Reader: Eroticism and Enlightenment in Eighteenth-Century France*, Zone Books, New York, 1997.

Flynn, Errol, *My Wicked, Wicked Ways*, G. P. Putnam's Sons, New York, 1959.

Freud, Sigmund, *Psychological Writings and Letters*, edición de Sander L. Gilman, The Continuum Publishing Company, New York, 1995.

_____, *Sexuality and the Psychology of Love*, edición de Philip Rieff, Touchstone, New York, 1963.

Fülöp-Miller, René, *Rasputin: The Holy Devil*, Viking, New York, 1962. [Versión en español: *Rasputín: el diablo sagrado*, Ediciones Siglo Veinte, Buenos Aires, 1973.]

George, Don, *Sweet Man: The Real Duke Ellington*, G. P. Putnam's Sons, New York, 1981.

Gleichen-Russwurm, Alexander von, *The World's Lure: Fair Women, Their Loves, Their Power, Their Fates*, traducción de Hannah Waller, Alfred A. Knopf, New York, 1927.

Hahn, Emily, *Lorenzo: D. H. Lawrence and the Women Who Loved Him*, J. B. Lippincott Company, Philadelphia, 1975.

Hellmann, John, *The Kennedy Obsession: The American Myth of JFK*, Columbia University Press, New York, 1997.

Kaus, Gina, *Catherine: The Portrait of an Empress*, traducción de June Head, Viking, New York, 1935.

Kierkegaard, Søren, *The Seducer's Diary*, en *Either/Or, Part 1*, traducción de Howard V. Hong y Edna H. Hong, Princeton University Press, Princeton, 1987. [Versión en español: *Diario de un seductor*, Océano, México, 2004.]

Lao, Meri, *Sirens: Symbols of Seduction*, traducción de John Oliphant of Rossie, Park Street Press, Rochester, 1989. [Versión en español: *Las Sirenas. Historia de un símbolo*, Ediciones Era, México, 1995.]

Lindholm, Charles, *Charisma*, Basil Blackwell, Ltd., Cambridge, 1990. [Versión en español: *Carisma*, Gedisa, Barcelona, 2001.]

Ludwig, Emil, *Napoleon*, traducción de Eden y Cedar Paul, Garden City Publishing Co., Garden City, 1926. [Versión en español: *Napoleón*, Juventud, Barcelona, 1934.]

Mandel, Oscar, ed., *The Theatre of Don Juan: A Collection of Plays and Views, 1630-1963*, University of Nebraska Press, Lincoln, 1963.

Maurois, André, *Byron*, traducción de Hamish Miles, D. Appleton & Company, New York, 1930. [Versión en español: *Lord Byron*, Aguilar, Madrid, 1947, traducción de Jorge Arnal.]

_____, *Disraeli: A Picture of the Victorian Age*, traducción de Hamish Miles, D. Appleton & Company, New York, 1928. [Versión en español: *La vida de Disraeli*, Palabra Ediciones, Madrid, 1994.]

Monroe, Marilyn, *My Story*, Stein and Day, New York, 1974.

Morin, Edgar, *The Stars*, traducción de Richard Howard, Evergreen Profile Book, New York, 1960. [Versión en español: *Las estrellas del cine*, Eudeba, Buenos Aires, 1964, traducción de Alberto Ciria.]

Ortiz, Alicia Dujovne, *Eva Perón*, traducción de Shawn Fields, St. Martin's Press, New York, 1996. [Versión en español: *Eva Perón*, Aguilar, Madrid, 1995.]

Ovidio, *The Erotic Poems*, traducción de Peter Green, Penguin Books, London, 1982. [Versión en español: *Los poemas eróticos*, Librería de los sucesores de Hernando, Madrid, 1917, traducción de Germán Salinas.]

_____, *Metamorphoses*, traducción de Mary M. Innes, Penguin Books, Baltimore, 1955. [Versión en español: *Las metamorfosis*, Librería de los sucesores de Hernando, Madrid, 1923, traducción en verso castellano de Pedro Sánchez de Viana.]

Peters, Heinz Frederick, *My Sister, My Spouse: A Biography of Lou-Andreas Salomé*, W. W. Norton, New York, 1962. [Versión en español: *Lou Andreas-Salomé, mi hermana, mi esposa*, Paidós Ibérica, Barcelona, 1995.]

Platón, *The Symposium*, traducción de Walter Hamilton, Penguin Books, London, 1951. [Versión en español: *El banquete*, Océano, Barcelona, 2001.]

Reik, Theodor, *Of Love and Lust: On the Psychoanalysis of Romantic and Sexual Emotions*, Farrar, Straus and Cudahy, New York, 1957.

Rose, Phyllis, *Jazz Cleopatra: Josephine Baker and Her Time*, Vintage Books, New York, 1991. [Versión en español: *Jazz Cleopatra. Josephine Baker y su tiempo*, Tusquets, Barcelona, 1991.]

Sackville-West, Vita, *Saint Joan of Arc*, Michael Joseph Ltd., London, 1936. [Versión en español: *Juana de Arco*, Siruela, Madrid, 2003.]

Shikibu, Murasaki, *The Tale of Genji*, traducción de Edward G. Seidensticker, Alfred A. Knopf, New York, 1979. [Hay varias versiones en español, entre ellas: *La historia de Genji*, Atalanta, Gerona, 2005, traducción de Jordi Fibla; *La novela de Genji*, Destino, Barcelona, 2005, traducción de Roca Ferrer.]

Shu-Chiung, *Yang Kuei-Fei: The Most Famous Beauty of China*, Commercial Press, Ltd., Shangai, 1923.

Smith, Sally Bedell, *Reflected Glory: The Life of Pamela Churchill Harriman*, Touchstone, New York, 1996.

Stendhal, *Love*, traducción de Gilbert y Suzanne Sale, Penguin Books, London, 1957. [Versión en español: *Del amor*, Alianza, Madrid, 2003, traducción de José Ortega y Gasset.]

Terrill, Ross, *Madame Mao: The White-Boned Demon*, Touchstone, New York, 1984.

Trouncer, Margaret, *Madame Récamier*, Macdonald & Co., London, 1949.

Troyes, Chrétien de, *Arthurian Romances*, traducción de William W. Kibler, Penguin Books, London, 1991. [Varios títulos, Siruela, 1982-1989.]

Wadler, Joyce, *Liaison*, Bantam Books, New York, 1993.

Weber, Max, *Essays in Sociology*, edición de Hans Gerth y C. Wright Mills, Oxford University Press, New York, 1946.

Wertheimer, Oskar von, *Cleopatra: A Royal Voluptuary*, traducción de Huntley Patterson, J. B. Lippincott Company, Philadelphia, 1931. [Versión en español: *Cleopatra*, Juventud, Barcelona, 1986.]

Esta obra se imprimió y encuadernó
en el mes de agosto de 2023,
en los talleres de Impregráfica Digital, S.A. de C.V.,
Av. Coyoacán 100-D, Col. Del Valle Norte,
C.P. 03103, Benito Juárez, Ciudad de México.